（第二辑）

作家眼中的
四川历史名人

四川日报全媒体／主编

四川人民出版社

目 录

名人是历史给当代的价值馈赠

——《作家眼中的四川历史名人（第二辑）》序

李明泉

20 世纪 80 年代初，我致力于报告文学、传记文学、纪实文学的研究，发表了《戴着脚镣跳舞——论报告文学的想象》《在历史的延伸线上纵横开拓——论传记文学的艺术结构》《实录直书与典型形象——论纪实文学》等论文。在写作中，我研读司马迁《史记》、班固《汉书》、柳宗元《童区寄传》等经典，阅读普鲁塔克《希腊罗马名人传》、斯蒂芬·茨威格《罗曼·罗兰》《人类群星闪耀时》以及《居里夫人传》《拿破仑传》《伟大的道路》等作品，一直对人类历史文化名人心存敬慕之志，满怀仰望之情。我总认为，那些留传于世的英雄伟杰是我们人类前行的榜样，他们的超凡思想和卓越成就已融入后人的生命血液之中，成为社会进步的文化基因和精神火种。虽然他们的肉体生命已不复存在，但通过传记作家的传神之笔，能让历史名人鲜活地存在而永世不朽。于是，我很着迷于作家的人物复活能力，想探寻语言文字的特殊雕塑功能。那几年的研究，为我学习伟人、痴迷文字，打下了基础。

对历史名人的不断追忆和叙述，几乎成为一个有文化自觉的民族的时代使命。历史是需要不断认知、反复咀嚼的，可以从中找到与现实的时空链接，多一些生存智慧，少一些重复迷误；多一些精神给养，少一些生活迷茫；多一些真理光芒，少一些浅薄愚昧。正是在这个意义上，不断讲述的历史名人就成为闪耀的群星，穿越时空阻隔而化为江河万古长流，指引着社会不迷航向，乘风破浪。

作为中华文明发祥地的长江黄河，其流域都与四川密切相连。若尔盖县唐克镇被称为"九曲黄河第一湾"，宜宾被誉为"万里长江第一城"。中华文化版图里的四川，创造了以古蜀文明、三国文化、藏羌彝文化、农耕文化、红色文化等为代表的灿烂文化，孕育了灿若繁星的名家巨匠，涌现出一大批杰出的政治家、文学家、思想家、科学家、艺术家。他们承载着中华民族优秀的精神品格，闪烁着四川人民独特的气质风范，在中华文明历史长河中占有独特而重要的地位，是四川经济社会发展的宝贵资源和突出优势。

四川系统梳理和全面分析历史和现实文化资源，认为历史悠久、博大精深的中华优秀传统文化深深地根植于民族的精神基因之中，是剪不断的文化脐带和道不尽的文化密码，鲜活而真实地构成了人民群众的生产生活方式和生命价值形态，具有广泛的社会基础和创新发展条件。这既是历史向当代的自然延续，又是现实对历史的转化激活。因此，传承弘扬中华优秀传统文化，赓续民族文化血脉，增强民族文化自信，就成为十分紧迫的时代课题，是文化强省建设的关键所在。

元代诗人张翥在《谒文昌阁》中曾赞叹道："天地有大文，吾蜀擅宗匠。"四川确定把实施历史名人文化传承创新工程作为全省传承发展中华优秀传统文化的破题之举和开篇之作，以达到"牵一发而动全身"的效果；制定出台《关于传承发展中华优秀传统文化的实施意见》，确立"把握导向、立足学术、着眼传承"的总体要求，提出传统文化、革命文化、先进文化相互贯通、一体传承的基本思路，明确工作目标、重点任务和具体举措，形成了以历史名人文化传承创新工程为主轴的文化动力体系，全力打造一批学术研究中心、一批文化传习基地、一批文化交流品牌活动、一批文艺精品力作、一批主题旅游线路、一批优秀文创产品。一旦找准了文化强省建设的穴位，打通了前行路途，有切实的政策保驾护航，文化发展必然面朝大海春暖花开，迎来丽日胜景。

从 2016 年 12 月起，首批四川历史名人推荐申报工作正式启动。对入选的历史名人设定了 6 个入选条件：卒年在辛亥革命以前，出生地、祖籍地、成长地、旅居地在当地，在当地有故居、遗迹、遗址等历史遗存，在历史上有重要影响，在全国有一定影响力，思想著作或功绩有当代价值。2017 年 7 月 4 日，公布首批四川历史名人 10 位：大禹、李冰、落下闳、扬雄、诸葛亮、武则天、李白、杜甫、苏轼、杨慎。四川日报报业集团赓即启动"作家眼中的四川历史名人"非虚构写作计划，约请省内知名作家撰写有温度、有个性的历史名人，相关文稿发表后受到热烈好评，后结集出版，时任中国作协副主席的著名诗人吉狄马加为文集作序。

2020 年 6 月 5 日，第二批四川历史名人公布 10 位：文翁、司马相如、陈寿、常璩、陈子昂、薛涛、格萨尔王、张栻、秦九韶、李调元（按年代排序）。如何深入挖掘、广泛传播历史名人文化的现实意义和当代价值？《四川日报·天府周末》"原上草"版从 2020 年 7 月 10 日起，每周五用整版推出大型系列非虚构专栏文章"作家眼中的四川历史名人"，陆续介绍第二批 10 位历史名人，每期介绍一位。10 位作家写的 10 位历史名人是：蒋蓝《文翁：开创地方官办学堂的世界先河》、彭家河《司马相如：从嘉陵江畔走来的大汉赋圣》、杨虎《陈寿：三国风云入胸中 蹭蹬一生笑落日》、杨献平《常璩：方志鼻祖 蜀史巨擘》、李舫《陈子昂：念天地之悠悠》、杜阳林《薛涛：才倾大唐的女诗人》、阿来《格萨尔王：藏族英雄史诗流芳》、庞惊涛《张栻：从绵竹少年到一代学宗》、刘火《秦九韶：世界数学史上的超级天才》、王国平《李调元：贯通古今的巴蜀大才》，现结集出版。

作家们带着复原历史、阐释历史的使命感，以真实而丰富的史料、细腻而温暖的笔触，凸显了历史名人的成长经历、思想美德、人文精神和气质风范，生动地让历史名人形象在今天"鲜活"起来，走进了当代人们的文化生活。

一、深研史料，书写史实

作为以真实反映特定时代的社会生活为根本任务的纪实文学，给后代留下的生活资料、思想资料比其他有所虚构的文艺作品应更翔实、更真切、更具体、更丰富，也更具有史学价值。司马迁的《史记》就是这样一部将史学与文学融为一体的辉煌巨著。司马迁始终坚持忠实客观事实，按照事实本来面目加以正反两方面乃至多侧面的叙录的写作原则，使他"放言无惮"，实录直书达到一定历史高度，表现出朴素的唯物主义思想。"不虚美、不隐恶"的实录直书精神，表现在司马迁撰写史传能够"综其终始""原始察终""见盛观衰""承蔽通变"。这种忠于史实、宁缺毋滥的信实精神，是我们应该继承并发扬的优良传统。

在"作家眼中的四川历史名人（第二辑）"的非虚构写作中，作家们秉承司马迁信史笔法，搜罗有关传主的大量文献史料，以科学研究的治学从文态度，钩沉探奥，钻坚研微，反复甄别，把一个个历史名人的生平、遭际、业绩、贡献等一一复活再现出来，不走样不猎奇不搞怪，具有真实可信、实录直书的叙述特质和史实形象。

读刘火笔下的秦九韶，使我联想到徐迟的报告文学名篇《哥德巴赫猜想》，同样是写数学家，徐迟把陈景润的演算草纸比喻为"这是人类思维的花朵。这些是空谷幽兰、高寒杜鹃、老林中的人参、冰山上的雪莲、绝顶上的灵芝、抽象思维的牡丹"，其形象描写颇具诗一般的韵味。而刘火把宋人秦九韶的"大衍求一术"置于 1987 年 5 月 21 日"秦九韶《数术九章》成书 740 周年纪念国际会议"的众多中外专家的论文研究成果之中加以考察，包括李约瑟、席文、道胁义正、吴文俊等科学家们认为"在当时仅有算筹作为唯一计算工具的条件下"，大衍求一术"数据多而复杂，秦氏有非凡的计算能力，令人惊奇"，"正是秦九韶在 13 世纪给世界贡献了'中国剩余定理'"。这种不妄猜不花哨不虚构的实事求是写作方式，令人信服地传递出数学天才的世界影响力和独特贡献。以科学礼敬的态度记录真实的科学家，这是刘火的严谨风格和素朴文风。

蒋蓝写文翁是另一种笔调，他从 1938 年在文翁石室南校区城墙下发现《蜀石经》残石、2010 年 11 月 5 日天府广场东御街口发现《裴君碑》《李君碑》切入，在仔细分析这三块石碑的历史信息中，引发出对文翁石室原址的追问，认为"两座汉碑见证了文翁兴学传统的延续与发扬"，不可辩驳地坐实了文翁对中国教育史的深远影响。其文物考据的侧写方式，读来令人信服。一位立志改变蛮夷僻陋习俗、创办地方官学、垒石开设讲堂、察举人才免除徭役、兴修水利扩大都江堰灌区的文翁形象如在目前，亲切可感。

张栻为南宋著名理学家、哲学家、教育家，与朱熹、吕祖谦并称"东南三贤"，他创建了城南书院，主教岳麓书院，成为一代学宗，其爱国爱民精神和躬行践履思想，对后世产生了重要影响。对这样一位名人，怎样书写？庞惊涛在大量文献中爬梳剔抉、厘清线索，把张栻的一生分不同时期，从他5岁"阆州辞里"写起，在"长沙积学"以德为先，"南岳拜师"修得人成，"江淮军幕"壮志难酬，"岳麓会讲"传道济民，"静江晚唱"传布厚德，"江陵谢幕"此心光明，"青峰埋骨"魂归故里，成为蜀学"式范"。全文娓娓道来，表现了一代鸿儒的真实人生和突出的理论贡献。

可以说，这10位作家都秉持忠于历史名人史实而纪实的"考信"原则，虽表达风格不一，却真实鲜活而富有生命形态。有的做到字字有来历、句句有出处，文风朴素严谨、不事渲染，读来真实感人；有的遵循人物活动轨迹，把名人置于所处时代加以历史现场回溯，如李舫笔下的陈子昂、杜阳林眼中的薛涛，但其合理想象的史料真实性和人格准确性，却是毋庸置疑的；有的从名人作品中，从同时代或后人对其评价描述的史料中，探究人物思想情感和内心世界以及人格魅力，如阿来讲述的格萨尔王、彭家河文中的司马相如，史诗符合历史走势，故事切合人物性格，读来真实有趣。

从作家们的多样笔墨中，我真切感到，唯有历史真实、人物真实、性格真实，才能通达艺术真实、审美真实，从而呈现生命真实的动人面貌，唤醒和激发人们对生存生活生命的真心向往和真正效仿，汇聚起历史名人注入现实社会、助推人类进步的强大精神力量和文化动力。

二、挖掘细节，叙事传神

不论什么文学艺术样式，只要表现出具有独特性、可感性、包孕性、生发性的细节，就能使人物立起来活起来，触手可及，冷暖可感。细节，是结构一部作品的重要部件，也是成就艺术形象的内在精魂。往往有些精彩的细节，与人物性格命运胶着在一起，甚至就成为人物的标志性符号表征，显示出人物思想情感的内在张力和价值指向。历来有追求的作家、艺术家们都致力于人物细节的捕捉和描写，非虚构写作也不例外，更是把真实生动的细节作为作品的"诗眼""文眼"。

这次阅读10位作家记叙的10位历史名人，在传主细节刻画上都下了一番功夫。

李舫记述陈子昂的传奇人生，这个练得一身好武艺、胸怀经纬之才的年轻人，立志以身许国，于公元679年、682年两次参加科考都名落孙山。李舫描述道：这天，百般寂寥的年轻人在长安的大街上闲游。忽然，他看见一位老者在街边吆喝："上好的胡琴，求知音者，快来买呀！"围观者窃窃私语，老者已在这里卖琴数日，索价百万，诸多豪贵围观，莫敢问津。年轻人挤进人群，端的是一把好琴！斯琴如斯人，藏在匣中无人知。年轻人醍醐灌顶，顿生怜悯。他灵机一动，走上前去，将价值两千缗的天价胡琴买下。围观的人见这位书生花这么多钱买了一把琴，都开始好奇。年轻人看看众人说："在下略通琴技，明天我要在寓所宣德里为大家演奏，敬请各位莅临。"这件事很快就传开了，第二天一早，人们纷纷赶来宣德里，想一听究竟。买琴的年轻人终于抱着昨天的琴出场了。他对观者抱拳一揖道："感谢各位捧场！"话音未落，将琴高高举起，重重地摔在地上。果然是一把好琴，琴身瞬间四分五裂，幽鸣之音绕梁不绝，众人惊得目瞪口呆。年轻人随即朗声大笑："我乃四川射洪陈子昂。想我自幼刻苦读书，经史子集烂熟在心，诗词歌赋，长文短句，件件做得用心。可是，我奔走于京师，风尘仆仆，却始终未遇伯乐，至今无人知晓，就像碌碌尘土一样。这把胡琴，不过是喝酒助兴的东西，竟然价值百万！难道我陈子昂的传世之作比这博人一乐的物品还不如吗？今日，有幸邀请众位读一读我的诗文，这才是我买琴的真正理由！"年轻人越说越激愤，从箱子里取出大叠诗词文稿，分发给在场的每一个人。在场的人们读罢诗文，兴奋不已，他们翻开书稿，看到上面赫然写着一个名字——陈子昂！陈子昂的名字和他的锦绣诗文，风一样在京城传开了。不久，陈子昂的诗名便传到朝廷，这位才华出众的诗人终于崭露头角。

陈子昂字伯玉，"伯玉毁琴"的细节把一位胸怀大志却无处施展而又巧妙扬名的机智年轻人写得活灵活现，跃然纸上。用今天的流行语评论，"伯玉毁琴"是陈子昂的行为艺术和吸睛传播，生动显示出陈子昂的抱负与才情。

蒋蓝把《西汉野史》中关于文翁"掷斧挂树"的细节挖掘出来，颇有趣味和寓意。文翁居乡时自幼好学，家贫，尝与人一道入山采木，行至深林之中，文翁忽对同伴道："吾欲远出求学，未知能否成就，今试投吾斧于高树之上。如果所志得遂，斧当挂住不坠。"说完他就将手中之斧尽力向上一掷，果然，斧头挂在了树上。见此神示，文翁大喜不禁，于是径往长安，从师求学……虽是传说，但也可见他是平民子弟，早有不飞则已、一飞冲天之志。

杨献平记述的常璩，起笔为"血缘里的文脉"。常璩的父亲常耘自感时日无多，让妻子从小木匣子里取出一支铁笔，然后对他8岁的儿子常璩说，此物乃是祖上传下来的，用这支铁笔写字，日久之后，力透纸背，且运笔如神，让他时常使用，多年后必定能够写得一手好字。但这句话更深的意思是，我们常家不仅是大家族，还是这巴蜀之地最先以文化立身，进而强族、教化后人的先驱者之一。他们的太叔公常宽，其一生的主要作为和建树，便是撰写和整理了《蜀后志》《典言》《后贤续传》等地方志、笔记、文献考据等书籍。常耘在临死之前，将铁笔传于唯一的儿子常璩，用意不言自明，即要他继承先祖遗风，不仅要做一个读书人，且要在文化和思想上有所建树。

杨虎的《陈寿：三国风云入胸中　蹭蹬一生笑落日》记述了一件揭露当时官场乱象、影响陈寿发愤图强的事情。耿介的青年陈寿被蜀汉史上臭名昭著的宦官黄皓打入冷宫，好几年间，他一直辗转在秘书郎、散骑、黄门侍郎等多个闲职上，尝尽坎坷滋味。转眼流光飞逝，他又遭遇了一场始料未及的诽谤：这一年，陈寿父亲去世，他回到老家守丧，身体本就孱弱的他因伤心过度，生了一场大病，只能躺在床上，让婢女伺候自己服药。没想到这一幕正巧被来客看见，顿时流言横飞，很多人仅是道听途说，便站在所谓道德制高点上，在背后对他进行议论与指责。官场的黑暗和世人的不宽容，让陈寿一度心灰意冷，然而也让他内心暗暗发誓：一定要从世路坎坷中走出来，真正有一番作为。数年以后，他在一首名为《题画》的诗中形象地描绘了当时的心路历程："远道西风落叶寒，萧萧孤塞上长安。关山不似人心险，游子休歌行路难。"可见，误解和流言要么戕害人，要么激励人成就人。陈寿无疑是冲破黑暗、迎接光明并照亮历史的人中豪杰。

作为中唐诗群翘楚、女诗人魁首的薛涛，一生自有芳华和充满传奇。她生于京兆长安（今陕西省西安市），长于成都，终老于成都。她八九岁知声律，能赋诗，15岁诗名已闻于外。父早逝，母孀，生活困顿无依，曾先后历事十一任西川节度使，受到著名节度使韦皋、武元衡等人器重，与元稹、白居易、杜牧、刘禹锡等人竞相酬唱。她自编诗集《锦江集》（已佚）5卷，选入自作诗500首，今存世93首。其书法自成一体，发明特殊用纸"薛涛笺"。薛涛是唐代杰出女诗人和大才女，在唐诗发展史、历代妇女著作史、中国书法发展史、特殊造纸史上都占有一席，对后世产生深远影响。

对这样一位广为人知的历史名人，应当如何据实描写？杜阳林认为：薛涛的一生，大开大合，大彻大悟，过得虽跌宕起伏，任情纵性，却最终忠于了自我，辗转腾挪，不负此心。与许多"闺阁女诗人"不同，在个人情感的伤春悲秋之外，她很早便注目于广阔天地，颇有男儿的眼界和风范。薛涛14岁时，其父薛郧因出使南诏，感染瘴疠而去世。母女俩的生活顿时陷入窘迫困境。16岁时，她无奈成为一名营妓。薛涛无疑是早慧的，她没有在自己最为娇俏青葱的年龄，将一生随便托付给一个男人。在家庭遭遇极大变故时，薛涛清醒地意识到，她才应该是命运的主宰者，她的人生必须自己做主。薛涛虽以色事人，却从不自轻自贱，哪怕在枯燥乏味的宴席间，因为她的存在，也添了一抹书香墨韵、高雅情趣。

薛涛的才能得到出任剑南西川节度使中书令韦皋的赏识，但她却因公开纳财被韦皋发配到松州（今松潘县）。她在《罚赴边上韦相公》里写道："按辔岭头寒复寒，微风细雨彻心肝。"一个"罚"字，让她明白了自己的处境。品格孤傲的薛涛，在沉重打击之下终于明白，在男权社会里，她不过是锦上那朵香花；有她，会更为娇艳靓丽，无她，世界一切如常。这是深处绝境之中，清醒的自省、含泪的领悟，在最绝望的境地，薛涛用刻骨疼痛抵达了深刻的真相。活在世上，谁人不曾遭遇高低起伏、辗转变故，只是有人一蹶不振，有人却在极寒之中尽力去抓住阳光的方向。面对挫败，也许理智比情绪重要，生存比骄傲重要。而唯一能救她的，便是将她驱逐至此，令她又爱又恨又惧又怕的韦皋。这时的薛涛写下《十离诗》，放下身段，委曲求全，一个略带天真和娇憨的薛涛死了，取而代之的，是一个在世故之中玲珑伏低的女子。这女子依旧诗情飞扬，但却不再有往日的倔强傲然，遭贬后的薛涛，诗风大变。《十离诗》是薛涛向韦皋发出的求助信号，也是她自己经历的一场人生蜕变。历史总赞颂一个人最好的处事态度是不卑不亢，其实所有的宠辱不惊背后，都曾有过惊涛骇浪。薛涛为自己的轻狂，付出了沉重代价，又以一双纤纤素手，力挽了命运狂澜。在松州的薛涛，比 16 岁自愿入乐籍时更为清醒理智，她终于明晰地懂得，活在世上，最该依靠的人，永远是自己。

读杜阳林笔下的薛涛，不仅有史实为本，更有作者对传主内心世界的触摸与探寻，引发出对人生的深刻感悟。这种叙事方式，不仅写活了人物，而且颇具历史审美旨趣。

三、弘传价值，再现风范

人民是推动历史前进和社会发展的巨大动力，没有普通老百姓创造性劳动汇聚成的江河大川，历史的长河必然会枯竭干涸，但历史很奇怪，很少为普通人立传；即使立传也多写特异奇行之人，历史往往记住的是那些走在时代前列的"发起人""引路者"等思想先锋、传世经典和时代伟人。因为，他们是一代一代后人崇敬、追慕、效仿、学习的对象。可以说，被后人不断追寻述说的历史名人，他们的精神生命已超越肉身而千古不朽，化为思想文化基因，注入一个民族的精神血液之中，成为推动社会进步的强大内生动力。这，是我们今天礼敬历史的根本意义所在。

在第二批四川历史名人中，每一位名人在各自领域都做出了独特贡献，丰富着中华文明的璀璨星空，明丽而闪烁。汉代文翁兴政崇教首创官办学校，一代赋圣司马相如文脉赓续百世，史学家陈寿会通古今写三国史实，方志鼻祖常璩撰写首部地方志著作，文坛雄杰陈子昂开创先河，蜀中才女薛涛引领独特风潮，藏族英雄格萨尔王史诗流芳，理学家张栻躬行践履传道济民，数学家秦九韶成就当时世界最高水平，全书式学者李调元撰写蜀文化巨著，他们是中华文明史上的不灭星辰，至今仍以精神生命的姿态走进我们的生活。

王国平把李调元的独特价值放在文明史中加以考察，展现了历史名人的当代意义。蜀中诗人历来就有强烈的"先贤意识"，从扬雄作赋以司马相如赋为范式之后，历代蜀中文人莫不以蜀中先贤为楷模加以追述。这种追慕先贤的意识，到杨慎和李调元更加明显。李调元曾明确提出要承继司马相如、陈子昂、李白、苏轼、虞集、杨慎以来的文学传统。他极力称颂先贤，模仿效法，甚至以先贤自许激励自己，其中李白、苏轼、杨慎这三位蜀人文宗对他影响最大。

李调元对巴蜀文化复兴和清代学术繁荣做出了突出贡献。李调元对四川乃至中国文化至为重要的贡献，是推动了古代文献的整理与传承，以一人之力编撰刊刻被誉为"巴蜀文化全书"的皇皇巨著《函海》。如果不是李调元，一些历史上的蜀学重要著作或许早已失传。

李调元是清代百科全书式学者，一生著述极为丰富，达130余种。他是一个全才，不仅痴迷学术，传承巴蜀文明，同时还醉心戏曲、开办伶班，着力扶持、大力推动川剧的兴起。他收集了大量民间饮食技艺，亲自掌勺、开创一派，编写了第一本川菜菜谱《醒园录》。正因为李调元的系统梳理，川菜才逐渐形成完整的体系。因此，他又被尊为"川菜之父"。

彭家河笔下的司马相如没有津津乐道与卓文君的故事，而是挖掘和展现司马相如为国建功立业的才能。司马迁在《史记·司马相如列传》中记载，司马相如"少时好读书，学击剑，故其亲名之曰犬子"。"犬子"与邻家孩子一样，上锦屏山爬树寻鸟，下嘉陵江戏水捉鱼，聪明活泼，可就是结巴的毛病不见好转。口吃之疾让"犬子"饱受屈辱以致性格内向，但也让他更沉默地专注于读书和练剑。司马相如报效国家的才干体现在公元前135年汉武帝命唐蒙开通夜郎（今黔西部和北部）及其西面的僰中（今川南及黔西北一带）受阻之后，汉武帝派司马相如回蜀责备唐蒙并安抚巴蜀百姓。司马相如深知文武之道一张一弛，于是作《谕巴蜀檄》并广为发布，告知巴蜀百姓，唐蒙所为并非皇上本意，讲清打通夜郎道的利弊。文章情入心，深得人心，于是迅速平息了事端。

另一件事是司马相如发动巴蜀万人，开山架桥，广修驿站，拆除边境障碍，打通"灵关道"。然而，此举却遭到朝廷和民间的强烈反对。由于汉武帝常年对匈奴作战，国库亏空，以公孙弘为首的官僚抨击这是"以为疲敝中国，以奉无用之地"。同时，巴蜀当地的富绅对打通"灵关道"动用大量人力、物力，向他们集资深怀不满。司马相如一面向下说服巴蜀父老，一面向上历陈皇上同僚。他再次以书言志，写下《难蜀父老》，说"盖世必有非常之人，然后有非常之事；有非常之事，然后有非常之功"。在司马相如苦心劝导下，商贾乡绅终于看到打通西夷的长远利益，纷纷捐钱捐物，百姓也踊跃出力，一时修路架桥进展顺利，由成都经今邛崃、雅安、芦山、汉源、西昌至大理的"南丝绸之路"西线终于贯通，商贸往来日渐繁荣。西南边陲之地成为富裕繁荣的"天府之国"，这正是司马相如当年所期望的。

司马相如的"盖世必有非常之人，然后有非常之事；有非常之事，然后有非常之功"，如今已成为治蜀兴川的内在精神力量。

我们都知道阿来创作有传记文学《格萨尔王》，这次以他讲述、肖珊珊整理的方式再谈格萨尔王的现实意义。格萨尔王史诗有很多人不断地吟唱，就像西方文学理论当中的一个概念，叫作"故事树"。那些有活力的故事像一棵树一样，在民间会不断生长。《三国演义》《西游记》的故事在不断地生长，而同样格萨尔王史诗仍然是一个有生命力的活的故事，像树一样不断生长。他是一种正能量的象征，伟大的战神，也是慈爱的化身。在史诗中，格萨尔王虽然经历了从平凡英雄到神话人物的华丽转身，但从根本上他还是一个活生生的人。他身上那种同情弱小、除暴安良的英雄主义精神值得发扬。在格萨尔王这个人物背后，有着一部关于古代藏族百姓的千古史诗，这是一种罕见的文化现象。

阿来认为，在科技时代，人们容易失去对神话的兴趣，失去浪漫，失去理想，失去想象。如果我们人类要重温神话，其实就要回到我们生命之初——虽然知识程度不够，但是人类在青春期生命冲动十足。因为有这种冲动，我们势必对远方和未来充满更高尚的超越物质的那样一种精神向往，成为鼓励我们向上的一种永恒的力量。

"文泽绵绵润新篇。"如何传承历史文化遗产、再现先贤风范？不能不反映今天的思维认知水平和现实发展需要，不能不烙上当代作家的鲜明时代印记。今日，呈现给读者的10篇非虚构作品，从作家立场和现实关切，还原了 10 位历史名人的鲜活形象，把他们的思想作为当今的文化遗产，成为激励人们的精神标杆，成为召唤人们的价值风信，成为生命的不朽榜样。于是，10 位历史名人像智者像哲人像先生像朋友一样走进了我们当下的朋友圈，与他们亲近，就仿佛成了每天的阅读点赞功课。

2021 年 5 月 1 日于成都百花潭

（李明泉：中国文艺评论家协会副主席、四川省中华优秀传统文化传承与文化事业产业发展研究智库首席专家、四川省社会科学院二级研究员）

开创地方官办学堂的世界先河

文翁

蒋蓝

人物简介

文翁（公元前 187 年—前 110 年），名党，字仲翁，西汉庐江郡舒县（今安徽省舒城县）人，汉景帝末年任蜀郡守，清正仁爱、举贤兴教、励精图治，深受蜀地民众拥戴，最终逝世于蜀中，"吏民为立祠堂，岁时祭祀不绝"，被《汉书》列为《循吏传》（"循吏"指政绩突出、政声斐扬于天下的清廉官员）第一人，闻名天下。

主要贡献

文翁勇于创新，是历史上最早创立官办学校、施行"有教无类"办学方针的第一位地方政府领导人。汉武帝对其高度褒扬，并将此推广于天下，开创了中国教育史的新篇章。文翁任蜀郡守的西汉景帝、武帝之际，正处于中国古代第一次社会转型的关键时期，文翁以其经世致用、廉洁勤政的卓越政绩发挥了引领时代的历史作用。

◎ **历史功绩** ···

  先秦古蜀文明曾有辉煌灿烂的成就，但因秦灭巴蜀发生了一定程度的断裂，故《汉书》称西汉前期"蜀地辟陋，有蛮夷风"，蜀地本土文献《蜀王本纪》亦谓之"不晓文字，未有礼乐"。文翁举贤兴教，移风易俗，改变了蜀地落后风气，史称"大化"，"文章冠天下，繇文翁倡其教，相如为之师"，影响广及于巴、汉二郡，从此树立了"巴蜀好文雅"、崇教尚文的优良传统。文翁继李冰之后，在蜀中大兴水利，将蜀中水利工程体系拓展至湔江流域，弘扬发展了大禹、李冰以来蜀地优秀治水文化传统，促进了"水旱从人、不知饥馑"的"天府之国"的形成。

◎ **在川遗存** ···

  成都市有成都石室中学、彭州关口文翁祠两处纪念礼祀文翁之地。

◎ **当代价值** ···

  文翁"仁爱好教化"，其廉洁勤政、崇教尚文，且勇于创新的精神，具有跨越时空的永恒意义。

据史料记载，蜀地第一次有全国性影响力的学术事件是汉文翁化蜀，自此文翁贤名在蜀地内外传颂。

"初唐四杰"之一的卢照邻有一首咏文翁的五律《文翁讲堂》：

锦里淹中馆，岷山稷下亭。

空梁无燕雀，古壁有丹青。

槐落犹疑市，苔深不辨铭。

良哉二千石，江汉表遗灵。

西汉初年文翁兴学，使蜀地精神文化发生了质的飞跃。它不仅具有首创地方官学的意义，而且更重要的作用在于：它引入中原文化，并按照蜀人特有的思维方式接受了中原文化润泽。卢照邻把文翁石室比喻为"岷山稷下亭"非常恰当，"稷下学官"位于山东省临淄市齐国故城，为战国时期各派学者荟萃中心。事实证明，文翁石室确实承接了"稷下学"的育人教化之功。

扬雄《蜀王本纪》里有"蜀左言，无文字"之记载。这就是说，古蜀时代仅有一些片言只语的神话和掌握在极少数权力者手中的"巴蜀图语"，群体精神形态并没有发展到理性化程度，文化普及程度明显低于中原。所谓"开明王朝"，远未达到文化的"开明"。

直至西汉年间，蜀郡太守文翁在成都兴学，建立文翁石室，地方政府办学这种全新的办学模式应运而生。文翁石室是中国最早的地方官办学堂，也是世界上最古老的地方官办学校，"蜀学"作为一个地域文化概念也源自文翁……它填补了中央太学与私学之间的教育空白，开创了全国地方政府办学的先河。就在汉武帝将文翁办学模式定为制度在全国推行之际，在万里之外的古罗马帝国，那里依然是以家庭教育为主要形式的教育体系……文翁开创的地方办学模式让中国屹立于世界教育之林。

"文翁翻教授，不敢倚先贤。"出自唐代王维的《送梓州李使君》。一言以蔽之，文翁教化，就像古蜀的纵目之神一样，为蜀人开了"天目"。

李君碑、裴君碑出土地为东汉蜀郡府衙

成都涉及文翁的传说很多，但历史的结论，必须以史料、出土文物为证。

2010年11月5日下午1时，天府广场东御街口人防工程施工现场像往常一样，正在有条不紊地施工。伴随挖掘机、搅拌机巨大的轰鸣声，突

然有一个工人大呼："快停下来！下面挖出了好大的石碑哦……"众人循声望去，在地表下 5 米处果然看到两块石碑，一大一小。"巍巍大汉，佁（yǐ）皇承度，昌光耀轸（zhěn），享伊余赏……"石碑虽然由泥土包裹，但刨开泥土，碑上面苍劲有力的篆刻字迹，依稀可辨。

经过考古专家一周的仔细清理，两块石碑终于重见天日。它们一大一小，大的一块碑高 2.61 米、长 1.24 米，小的一块碑高 2.37 米、长 1.1 米，两块石碑厚度均达 40—50 厘米，每块石碑均重达 4 吨左右。石碑出土时保存状况完好，碑文铭刻字口清晰。由于它们分别记录了汉代裴君和李君的事迹，分别被命名为"裴君碑"和"李君碑"。其中较大的一块是"裴君碑"，其碑阳及碑阴（即正反两面）共 1400 多字；除碑阳铭文外，"裴君碑"碑阴还刻有联袂捐碑的人名，共 104 个名字。"李君碑"有 800 多字……

"讚（赞）命俊臣，移苻（符）于蜀。同心齐鲁，诱进儒墨。远近辑熙，荒学复植……"两块碑的内容都是叙述了碑的主人——蜀郡太守任内的事迹，以振兴教育，为国家培养人才为目的，兴办学校教育的内容特别突出。这说明碑与学校教育有直接联系。两块碑属于德政纪功碑，应该安置在学校园区之内。有专家根据史料推断，碑文中的李君是东汉顺帝年间蜀郡太守李膺。而两块石碑安置的学校，正是当年的文翁石室所在地。

时光回溯到 1900 多年前，东汉安帝永初年间（107 年－113 年），成都发生了一场大火灾。这场火灾正是常璩《华阳国志》所说的"永初后，堂遇火"。这场大火让成都整座城市几乎毁灭殆尽，只有西汉文翁修建的一间石头结构的建筑因为抗火性强，得以幸存。公元 133 年左右，河南襄城人李膺在百废待兴、成都教育处于最低谷时，被任命为蜀郡太守。李膺饱读诗书，满腹经纶，文武双全。他是带着恢复、振兴蜀郡学校教育的明确任务和理想而来的。李膺在任时，以当年的文翁石室为基础，大力推进教育。

后来李膺调离蜀郡，与文翁一样，他在蜀任职时间不会低于 3 年。范晔《后汉书·李膺传》中，有唐李贤注引三国时谢承《后汉书》的材料："（李膺）出补蜀郡太守，修庠序，设条教，明法令，威恩并行。……益州纪其政化。"在李膺离任 3 个月后，蜀郡本地人为李膺立下了碑文。这通碑便是我们现在看到的"李君碑"。这通碑在 146 年被洪水冲倒了。后来又由另一位裴姓蜀郡太守在组织修缮学校建筑设施的工程中，安排有关官吏人员再度将它竖立起来。"李君碑"上有人在正面碑文结束后刻下一道横线隔断，另外加刻了一段"旁题"说明，讲述了"李君碑"被洪水冲倒后再次竖立的过程。

西汉时期的文翁在蜀兴学，以石头修建教室，振兴教育。200 多年后，东汉的一场大火几乎摧毁了一座城市，却毁灭不了文翁种下的教育火种。石室在，火种不灭，兴教之道，薪火相传。东汉蜀郡太守李膺重教，他离任后，其下属及蜀地百姓为其立碑纪功。当"李君碑"被洪水冲倒后，又由同样重视教育的裴姓蜀郡太守再度将它竖立起来。两座汉碑赞颂了两位蜀郡太守为振兴蜀地教育而做出的努力，将李膺与裴君这两任太守在冥冥之中联系在了一起，也证明了文翁兴学精神的延续。也许，在李膺与裴君的心中也有着同样一座丰碑，那便是文翁。李膺与裴君是在以实际行动践行文翁的兴学精神。两座汉碑见证了文翁兴学传统的延续与弘扬。

文翁开启的府学是教育的里程碑

西汉初年的蜀郡守文翁到底是个什么人？《西汉野史》上说，文翁本名党，字仲翁，庐江郡舒县（今安徽省舒城县）人。后因"文翁"之名太盛，本名反而知者寥寥。

文翁的家乡在庐江郡舒城县，舒城是春秋时的舒国，深受中原文化熏陶，尤其受到儒家文化的浸淫。他曾到京城长安读书，通晓史书《春秋》。对于德才兼备又有声望的人才，皇帝自然乐意征召，并授以爵禄。文翁秉性宽厚仁慈，爱护百姓和部下，又喜好以德才教化庶民，故而政绩颇佳，口碑甚好。西汉景帝末年（公元前141年左右），文翁被任命为蜀郡太守。

文翁赴任之前，对巴蜀充满憧憬，觉得这里也应该是教育昌盛之地。然而，当他跋山涉水，越剑门过栈道，历尽千难万险方到达蜀郡时，看到的却是一幅夷狄之境、化外之民的景象。在"好仁爱教化"的儒学传人文翁眼中，"蜀地辟陋，有蛮夷风"。

为了彻底改变民风蛮夷僻陋的现状，文翁走马上任之后，就开始实施教育大计。《汉书·循吏传·文翁传》记载："乃选郡县小吏开敏有才者张叔等十余人，亲自饬厉，遣诣京师，受业博士……"文翁首先通过类似察举的程序，从自己的属吏中选定优秀学员十来名，亲自担任教师，在短时间内加以突击性的强化训练，然后送往京城长安，让他们跟随博士学习儒家经典、律令等。数年之后，学员们学成归来，他又根据每人学绩安排相应的官职，让这批精英在郡守、刺史等重要工作岗位上迅速成长起来。

在兴学的道路上，文翁并没有止步不前。培养起一批地方政治文化精英之后，他又精心谋划了一个更为详尽的人才资源可持续发展战略。文翁决定把自己最初的经验进行"克隆"，创办中国第一个地方官办学校。这是他一生中做出的最为重要也是让他名留千古的决定。

当时要办学，朝廷不可能拨给特别经费，蜀郡也没有这项经费预算。巧妇难为无米之炊，文翁力排众议，坚持优先发展教育，从蜀郡拨出专款经费，并亲自兼任学校首任校长。学校办起来了，校舍如何建设？这一点也没有难倒文翁，他因陋就简，因地制宜，选用成都当地最多的、最常见的石头垒起石屋，名之曰"文学精舍"。因为讲堂全用石头建筑，花费自然不大，故又简称"石室"，后人称作"文翁石室"，也有人称作"玉堂""讲堂"。文翁当校长，并不是挂职，而是亲力亲为，为学生授课。

文翁石室建立后，文翁的人才库从此开始产生"雪球效应"。为此，他还启动了深思熟虑的配套工程和激励机制，政策向教育倾斜，支持兴学重教，教育中心任务之外的开支尽量节省。学员均享受各方面的优惠，学绩优异者委以要职，即便稍逊，也视为察举人才，享受免除徭役或赏赐等待遇，若干学员还被选入备用人才库。他每次出行巡视所辖郡县，都让品学兼优的学员同行，一方面让他们有机会"见习"接触现实，处理事务，培养实际才干；另一方面让他们沿途挨家挨户、现身说法宣讲教育新政。此类出行总是十分吸引人，令民众艳羡不已，纷纷希望有机会到成都受学官教育，于是争相报名。文翁石室一开始创立就是"公立"学校，政府办学，且面向平民招生，这在中国教育发展史上是一个里程碑。

文翁祠是中国第一座祠堂

东汉后期，石室旁重建周公礼殿，用来祭祀孔子、孔门弟子、历代名儒，以及自盘古、伏羲、神农以下的历代圣君贤臣和治蜀有功的历代先贤，正式形成"庙学合一"体制，是当时全国第一所由政府建立的祭祀先圣、先师、先贤的专门建筑。这一体制在成都一直保持着，中间虽然在宋末元初、明末清初遭到破坏，但不久又得以恢复。文翁石室以及周公礼殿，是成都地区传授知识的最高学府，也是当地最权威的寄托精神信仰的神圣家园。"庙学合一"的格局对后世中国从中央到地方的学校建制影响甚大，对历史上的教育制度、礼乐制度以及地方文化建设，曾起到过重要推动作用。

文翁最后死在蜀郡太守任上。文翁墓地在舒城县寨冲村（现华盖村）小学附近一处叫象形地的山坡上，立数米高的石碑，现在墓碑不知去向，唯见两三松柏掩映下长满青草的坟茔。由于当时舒县属于庐江郡，故庐江城建乡贤祠（移建易名忠义祠），首立文翁崇祀，以启后贤。

蜀人立祠追念文翁，后人更是感念不已。北宋著名文学家、史学家宋祁在《成都府新建汉文翁祠堂碑》中开篇写道："蜀之庙食千五百年不绝者，秦李公冰、汉文公党两祠而已。蜀有儒自文翁始。"在四川省成都市彭州市关口镇，至今仍能看到文翁祠的历史痕迹。

宋仁宗时，宋祁于嘉祐二年（1057 年）为益州牧，次年建文翁祠。南宋文学家吴曾在《能改斋漫录》中有这样的记载："常山宋公至府，闻其事叹息之，且欲成公意，乃即其旧址建文翁祠。祠之内，图张君平、郑子真、司马相如、扬子云蜀先士凡九人，及公之像而十，常山公为之赞。"从这段文字人们可知一个基本信息：宋祁修建了文翁祠，是希望通过修文翁祠将其精神发扬光大。由此可见，文翁祠是中国第一座祠堂，由此开创了中国历史上的祠堂文化。

《辞源》中"祠堂"的出处，《汉书·文翁传》："文翁，终于蜀，吏民为立祠堂，岁时祭祀不绝。"本词条同时还收录了张安世（？－公元前 62 年）与杜甫（712 年－770 年）的记载，而文翁生殁为公元前 187 年－前 110 年。由此说，文翁祠是见之于中国历史文献上最早的祠堂。

两千多年前，文翁走出舒城，为蜀地经济、文化建设做出了卓越的贡献，为开发边陲、促进中华民族大融合，最后病殁在任。蜀地百姓为追怀其功德，立祠致祭。文翁后人，世代相传其伟绩并以其为骄傲。

文翁兴学使蜀地精神文化发生了质的飞跃

在文翁有意识的提倡、奖励下，当时儒学在蜀地以星火燎原之势迅速传播，蜀人旧有习俗随之大变。这样，几年下来，文翁治下，崇学尊儒，蔚然成风。文翁兴学在巴蜀地区也掀起一股空前的办学热、求学热，使兴办教育不仅成为一种时尚，而且形成优良传统，薪火相传。据《华阳国志》卷三《蜀志》记载，东汉时，"州夺郡文学为州学，郡更于夷里桥南岸道东边起文学"。广汉冯颢为成都县令，"立文学，学徒八百人"。仅在成都一地，便建立了州、郡、县三级官办学校，这在全国实属罕见。除蜀郡外，巴郡、广汉郡亦建有官办学校。

学者谭继和指出，文翁兴学使蜀地精神文化发生了质的飞跃，恰在于中原文化对蜀本土文化的改造，这并没有窒息本土文化，而是使本土的优秀文化得到了一次空前的发展。

随着文翁将中原文化在本土的大力传播，人才蜂起，促进了四川以及西南地区经济、文化的繁荣。班固在《汉书》中说："至今巴蜀好文雅，文翁之化也。""繇是大化，蜀地学于京师者比齐鲁焉。"《华阳国志》卷三《蜀志》云："学徒鳞萃，蜀学比于齐鲁。巴、汉亦立文学。"宋代田况在《进士题名记》中说："蜀自西汉，教化流而文雅盛。相如追肩屈、宋，扬雄参驾孟、荀，其辞其道，皆为天下之所宗式。故学者相继，谓与齐鲁同俗。"蜀地人文蔚起，除当时频繁活动于长安与蜀中两地的辞赋高手司马相如（公元前 179 年—前 117 年）外，王褒（约公元前 92 年—前 52 年）、严遵（约公元前 78 年—12 年）、扬雄（公元前 53 年—18 年）等具有全国一流影响的文人相继崭露头角，以"文章冠天下"，引得蜀人"慕寻其迹"，争相仿效。

由于文翁学堂是全国首个兴建的地方政府官办学校，它的演变发展也见证了成都一直延续了两千年的崇文重教传统。文翁石室从古代的"文学精舍讲堂"（公元前 141 年）、"文翁石室"（历代大多这样称谓），到近代的"锦江书院"（1701 年），到现代的"成都府师范学堂"（1902 年）及"成都府中学堂"（1904 年），直至现在的"石室中学"。随着行政区划建制的改变，文翁石室弦歌不辍、文脉不断，先后作为蜀郡郡学、益州州学和成都府学等地方最高级别的官办学校，一脉相承发展下来。文翁石室连续办学已达 2100 多年，成为世界教育史上的奇迹，实现了教育的"可持续发展"。

地方官办学校从成都走向全国

　　自文翁首创地方学官以来，重视教育形成传统，历朝历代官员，莫不以兴建书院、弘扬国学为任职期间最为重要的政绩。从元代官方于文翁石室原址建立石室书院，清代按察使刘德芳接着在原址创建锦江书院的角度来看，文翁石室应该是中国历史上最早的书院之一。中国规范化的书院最早建于唐代，成都自宋末以来，更是书院盛行。到了清代，成都市有名的书院有锦江、潜溪、芙蓉、尊经等，鳞次栉比，尤以尊经书院培养出的人才对成都近现代文化的影响既深且巨。成都经济文化的繁荣和书院的昌盛密切相关。

　　汉武帝将文翁办学模式定为制度在全国推行，也让文翁兴学对后来中国的教育产生了深远影响。文翁轰轰烈烈的兴学，很快就引起了汉武帝的注意。《汉书·文翁传》记载："至武帝时，乃令天下郡国皆立学校官，自文翁为之始云。"汉武帝此举，其实质是以文翁兴学为模板，在全国范围内正式推广新型教育模式。自此，我国最早由地方官府开办的学校从文翁石室开始，逐步推广到全国。

　　文翁不仅推动了整个巴蜀地区的办学热潮，而且带动了全国教育文化事业的蓬勃发展。到东汉时，巴蜀地区终于出现了"四海之内，学校如林，庠序盈门""其服儒衣，称先王，游庠序，聚横塾者，盖布之于邦域矣"的教育局面。经过学校培养的官吏均成为儒者、学者，通过他们的努力及其表率作用，儒学得以渗透、贯彻于社会政治生活中的各个层面。文翁对地方官学的形成与发展、对中国古代的教育制度等均有较大的影响，这对儒学在全国范围内的传播起到了极大的推动作用。

文翁与治水传说

文翁为蜀郡守时不仅崇文重教，而且十分关注民生。发源于四川西北的岷江，每遇下雨，山洪暴发，泥沙俱下，淤积河床，河水常常泛滥成灾，较高的地方又易干旱。文翁兴修水利，发展农业，主持开挖灌江口，灌溉成都以北一片农田。《都江堰水利述要》记载：文翁任职期间，带领人民"穿湔江，灌溉繁田一千七百顷"。他是历史上第一个大规模扩大都江堰灌区的官员。《续史方舆纪要》载："灌口山，在灌县东北二十六里，汉文翁穿灌江口灌溉平陆处地，亦曰金灌口，以春耕时需水如金而名。"文翁为官一任，造福一方，在任期间使蜀郡出现"世平道治，民物阜康"的繁荣昌盛景象。

在四川彭州地区，至今还流传着文翁治水的传说：西汉景帝末年，文翁任蜀郡太守。文太守善听民声，常步行于大街小巷以察民情。有一天，他看到成都街头有很多灾民，上前打听后才知道繁县和湔氐县因湔江断流出现旱涝灾情，繁县良田裂缝寸余，湔氐一片汪洋，二县庄稼颗粒无收，百姓纷纷外出逃荒。

文翁实地来到繁县和湔氐县考察灾情。驻足天彭门，只见皂角岩垮塌，岩石压断湔江河床，致使断流成灾，上游水淹良田，下游久旱无收。文翁看在眼里，急在心头。

文翁回到郡府，召集州官议事。大家认为，当务之急须立即打通皂角岩，以排上游水患，解下游旱情。文翁当即上书朝廷，争取治水资金，同时开始在地方士绅中募集钱款。文夫人听说夫君广纳达官士绅之礼，夜责其夫不守清廉，文翁言之以理，夫人感慨，倾其家中多年积蓄以助太守。

不久，朝廷拨来专项经费，令文翁早日开工，时文翁也筹集到无数银两。秋后，文太守下令开工，坐镇天彭门亲自指挥民工挖掘河道。不到两年，就开通9条河，把湔江之水分流到下游各州县。皂角岩打通了，白鹿河的水源源不断地注入湔江，涝灾旱情因此得以控制。百姓欢呼雀跃，从此过上了安居乐业的生活。

在成都，早有将文翁治湔江与李冰建都江堰相提并论之说。另有一长联对文翁的历史功绩作了概述："既庶何加曰富，曰富何加曰教，至道本自尼山，文不在兹乎？独怪二千年历唐宋元明无庙祀；穿堰然后有田，有田然后有收，深思长流湔江，民弗能忘也！足征十七里中士农工贾具天良。"这是对文翁治水造福蜀地的伟大贡献进行的无限褒奖。

从嘉陵江畔走来的大汉赋圣

司马相如

彭家河

◉ 人物简介 ....

　　司马相如（约公元前 179 年—前 118 年），字长卿，生于西汉巴郡安汉
县（今四川省南充市蓬安县），长于蜀郡成都（今四川省成都市）。汉景帝
时为武骑常侍，因病免，客游于梁。梁孝王死后，相如归蜀，得临邛（今
成都市邛崃市）富商卓王孙之女卓文君为妻。汉武帝读到其居梁时所作
《子虚赋》，大为赞赏，因得召见，任为郎。曾拜中郎将奉使西南，后转任
孝文园令，晚年免官闲居而卒。

◉ 主要贡献 ....

　　司马相如是汉大赋的奠基者和蜀学的开创者，也是通《尔雅》、著
《凡将篇》的训诂学家，还是一位古蜀历史学家和博物学家。司马相如被
誉为"辞赋之宗"，历代备受推崇。其《子虚赋》《上林赋》《喻巴蜀檄》
《难蜀父老》《谏猎疏》《封禅书》等，皆为传世名篇。作为卓越的政治家，
其奉使西南，注意妥善处理朝廷与西南少数民族的关系，解决社会治理和
经济贸易等问题，是拓边功臣，也是西南丝绸之路的开拓者之一。

历史功绩

　　司马相如是巴蜀文化的杰出代表。其一生的传奇经历和做"非常之事"、建"非常之功"，为后辈巴蜀学人的事业进取和人生追求树立了榜样。这正如《汉书·地理志》所说："司马相如游宦京师诸侯，以文辞显于世，乡党慕循其迹"，"相如为之师"。司马相如的学养和写作，具有鲜明的巴蜀文化特征。他在蜀中学业养成，精通经书、史籍、子学，又能以儒学为本，融汇诸家之学，勉力推进文化学术的发展进步。

在川遗存

　　成都市今存驷马桥、琴台路、文君井等遗址或纪念地。南充市蓬安县正倾力进行"相如故城"的修复建设，已恢复文明门、紫气门、蓬州州署、玉环书院等，正加紧重建司马相如祠堂。

当代价值

　　司马相如具有读书人可贵的淑世情怀，故能仁民爱物。其文章体现了春秋大义、家国情怀。

2020 年元旦前夕，成都市成华区地铁 3 号线昭觉寺南路站口外的围栏拆除。此刻，人们欣喜地发现，凤凰河道改造一新，街面地刻《大人赋》《长门赋》，柱子浮雕《美人赋》，3 枚刻有司马相如大名和名句的篆字石章亦夺人眼目。广场东口 8 米高的青年司马相如铜雕气宇轩昂，他右手执卷置于身后，左手拂袖迎风，衣袂飘飘，超尘脱俗。他静静地眺望远方，目光掠过百米外的驷马桥、繁华都会和千年烟云，停留在嘉陵江畔一个叫蓬安的小县城，那里有他故乡的山水和难忘的童年……

过往的行人都知道关于"赋圣""辞宗"司马相如的些许故事，他曾写下史上最华丽的辞赋，经历人间最浪漫的爱情，开过天下最有名的酒馆，弹奏世上最名贵的古琴；他曾因北上长安时在升仙桥送客观题字"不乘高车驷马，不过汝下"而传为千古佳话；他也曾了却君王天下事，赢得身前身后名……不过，他也是一名饱受生活磨砺、被世人误会曲解、为理想上下求索的追梦人。司马相如跌宕沉浮的传奇人生，仍能给当今世人许多深刻的启迪。

川北"犬子"名相如

公元前 205 年的冬天，刘邦被项羽围困于河南荥阳，形势十分危急。南充人纪信乔装刘邦舍身诈降楚军，刘邦乘机逃生。3 年后（公元前 202 年）刘邦登基称帝，定国号为汉，是为汉高祖。刘邦感念纪信"诳楚存汉"之功，在纪信家乡设安汉县，属巴郡。在汉朝建立 23 年后，巴郡安汉又出生了一位汉朝的标志性人物——文学家司马相如。让世人意想不到的是，又过了 23 年，距安汉百余里的巴郡阆中再次出生了一位汉朝的标志性人物——天文学家落下闳。

公元前 179 年，司马相如出生在巴郡安汉县（今南充市蓬安县）。司马相如出生后，父母按川北习俗给儿子取小名叫"犬子"。川北人家在儿子出生后，都要取个如"黑狗""灰狗""幺狗"等一些很贱的名字，以求孩子少病好养。司马迁在《史记·司马相如列传》中记载司马相如"少时好读书，学击剑，故其亲名之曰犬子"。

川北属巴地，山大沟深，人们经常爬坡上坎，肩挑背扛，家家勤耕苦读，个个虎背熊腰。蓬安地处嘉陵江中游，风光秀丽，山峦延绵，但地势不平，交通闭塞，一方水土也让这方百姓养成勤劳朴实的秉性。司马家虽然家底殷实，但仍有一事让全家放心不下。"犬子"与邻家孩子一样，上锦屏山爬树寻鸟，下嘉陵江戏水捉鱼，聪明活泼，可就是结巴的毛病不见好转。这让父母操碎了心，四处寻医问药，都没效果。司马家仍坚持传袭家风，让"犬子"断文识字，习武健身。口吃之疾让"犬子"饱受屈辱，以致性格内向，但也让他更沉默地专注于读书和练剑。

"犬子"13岁时，司马家迁往蜀郡成都。13岁，正是如今孩子上初中的年纪，与时下一样，不少人家都到成都买房陪读。到成都后，"犬子"眼界大开，孤僻的性格慢慢改变，还结识了日后对他人生带来重大影响的同龄好友王吉和杨得意。随着学识增长，"犬子"对自己的名字也不满意了。"犬子"16岁左右，即现在孩子上高中时，被赵国上卿蔺相如出身卑微但勤奋上进，最终建功立业的事迹所打动，改小名"犬子"为相如，字长卿。《史记·司马相如列传》中记载，"相如既学，慕蔺相如之为人，更名相如"。从此，"相如"这个名字跟随他沉浮一生，成为汉代以来一个光耀千秋的名字。

武骑常侍爱翰墨

司马相如的鸿鹄之志也正是其父辈所期待的。公元前159年，司马相如20岁时"以赀为郎"，北上长安。公元前155年，24岁的司马相如因勇猛过人，被喜骑马狩猎的汉景帝刘启任命为武骑常侍，时常随汉景帝出入。

汉初文景时期，为了改变开国初期大批官员因军功入仕的弊端，让更多拥有丰厚资产且掌握着文化资源的富有阶层进入统治阶级行列，"赀选"

制度便应运而生。拥有资产十万钱（景帝时改为四万钱）而又非商人的人，自备衣马之饰，可候选为郎。侍郎、郎中、中郎等汉代帝王的侍从官统称郎官、郎吏，通常简称郎官。郎官事实上并非真正的官职，连俸禄都没有，皇帝对其只是管吃管住，偶尔有所赏赐。郎官制度的主要目的在于选拔人才，是从贵族子弟中挑选机敏好学者到皇帝身边以备选用。

到了汉武帝时期，由于南征北战，经济发生了严重危机，"赀选"便演变为权钱交易。武帝中后期的"赀选"与司马相如时期的"赀选"名虽相同，但本质已发生了重大变化。《史记》中"以赀为郎"这个短语只用过两次，除《司马相如列传》外，还有《张释之列传》的"以赀为骑郎，事孝文帝"。武帝以后，在叙述卖官鬻爵时从未使用"以赀"，而是选用如"卖爵""入粟""输粟""入钱""入物""入财""买爵"等明白表示买卖性质的词汇。可见，司马相如的"以赀为郎"与武帝后期的卖官鬻爵是不一样的，司马相如的郎官并非买得，而是赀选而来。不过，武骑常侍只不过是帝王的弄臣，绝无参与朝政、施展抱负的机会。司马相如满腹锦绣文章，汉景帝却全然不感兴趣。作为一名业余的"文学青年"，司马相如只有慢慢等待人生的转机。

梁孝王刘武是汉景帝刘启的一母同胞兄弟，他门下有一批文人雅士。梁孝王进京看望母亲窦太后时曾带他们同行，景帝侍从司马相如从而得以与枚乘、庄忌、邹阳等结识。此后，司马相如虽身在汉宫，但心却在梁国。梁孝王回国后，司马相如便称病辞官。公元前155年冬，24岁的司马相如投奔梁孝王，成为梁孝王的座上宾，成天与梁孝王及身边的文人饮酒作赋，如鱼得水。司马相如曾在梁国菟园作《子虚赋》，梁孝王看后赞赏有加，把自己喜爱的绿绮古琴赠送给司马相如。

公元前144年，梁孝王病逝，司马相如孤苦无依，只得离开梁国回蜀。

落魄南归的司马相如万万没有想到，等待他的将是一场载入史册的浪漫爱情。

临邛一曲凤求凰

离开成都16年后，重回家乡的司马相如举目无亲。父母早已离世，家宅已是断壁残垣，想起梁国吟风赋月的生活，司马相如倍感人生无常。

好在他的好友王吉在临邛（今邛崃市）做县令，得知司马相如回蜀处境困窘，便主动邀请他先到临邛安顿。司马相如虽身无长物，但早已名声远播，临邛不少乡绅富豪都想结识这位从王侯身边回乡的大才子。司马相如与王吉在临邛街上散步，路过首富卓王孙家，听到阵阵幽怨琴声，打听才知文君新寡，素爱音乐，又才色过人。同是琴艺高手的司马相如顿时如遇知音，相逢何必曾相识，同是天涯沦落人。司马相如想结识这位墙里佳人，如何让司马相如与卓文君相见呢？王吉动了一番心思。

终于，在邛崃富绅名流的关注下，卓王孙在家隆重宴请司马相如和县令王吉。酒过三巡，王吉提议司马相如弹琴助兴。卓文君在闺中饱读诗书，对司马相如敬慕有加。当她在闺房听说司马相如要借琴演奏，便亲自把古琴送到门口借机目睹"蜀中第一才子"真容。四目相对，惊鸿一瞥，一段千古佳话便开启序曲。

"凤兮凤兮归故乡，遨游四海求其凰……"在琴声中，司马相如向卓文君大胆表白，卓文君在闺房听得真真切切，芳心暗许。天下没有不散的筵席，灯熄人去，为情所困的司马相如与卓文君仍被远隔在世俗和门第之外。"中夜相从知者谁？双翼俱起翻高飞……"司马相如把《凤求凰》抄送给卓文君，把最后几句圈出，并将随身佩戴的玉佩作为信物，让书童悄悄送给卓文君。身无彩凤双飞翼，心有灵犀一点通。兰心蕙质的卓文君一看就明白了司马相如的心思，通过媒妁之言、纳聘迎娶肯定行不通，只有靠自己努力打破世俗礼教争取自由和幸福了。卓文君权衡再三，于是收拾细软，趁着月色奔向司马相如所等待的都亭，二人相会后连夜奔回蜀郡。这年，卓文君17岁，司马相如36岁。

如同娜拉出走一样，是堕落还是回来？浪漫的爱情终究敌不过现实的柴米油盐。司马相如和卓文君只得重回临邛开了一家小酒馆，"文君当垆，相如涤器"，开始了又一段进入史诗的风尘岁月。没有不疼爱女儿的父亲，卓王孙终于回心转意，给女儿送去奴仆百人、钱百万缗，并将嫁妆全部送去。

如同世上最美的童话，王子与公主从此过上了幸福美满的生活。

平定西南拓疆土

公元前136年，43岁的司马相如终于迎来了人生的转机。时年20岁的汉武帝刘彻看到《子虚赋》后，被文章恢宏的气势和瑰丽的辞藻所折服，慨叹道："朕独不得与此人同时哉！"在宫中任狗监的杨得意正是司马相如的同乡好友，他赶快禀告武帝说："臣邑人司马相如自言为此赋。"上惊，乃召问相如。远在蜀地的司马相如告别卓文君，再次踏上长安的征途。

　　司马相如应诏面圣，见到少年英武的汉武帝。汉武帝对司马相如赞扬一番，侍奉过汉景帝和梁孝王并历经宦海沉浮的司马相如宠辱不惊，谦虚地说道："《子虚赋》是早年写诸侯打猎之事，难登大雅之堂，而今遇到圣上，唯有再写一篇天子狩猎的文章，整个文章才会完整。"汉武帝大悦，令人笔墨伺候，司马相如提腕挥毫，一篇书写皇宫恢宏壮阔、狩猎场景气势磅礴、武帝一统天下的威武正气的旷世华章《上林赋》一气呵成。汉武帝读后赞不绝口，当即封司马相如为郎。《上林赋》被后人称为《子虚赋》的姊妹篇，成为汉赋中的经典名篇。

　　建功立业是司马相如一生的追求，赋只是他的问路石。终于，时势到来。公元前135年，汉武帝命唐蒙开通夜郎（今黔西部和北部）及其西面的僰中（今川南及黔西北一带）。唐蒙带领士兵粮草，从巴郡符关（今合江县南关）入南夷，对夜郎王多同恩威并施，招抚夜郎国，设犍为郡（治所今宜宾）。然而，唐蒙大量征用巴蜀百姓打通夜郎道，"三年于兹，而功不竟，士卒劳倦，万民不赡"。汉武帝见打通夜郎受阻，便派司马相如回蜀责备唐蒙并安抚巴蜀百姓。司马相如深知文武之道一张一弛，于是作《喻巴蜀檄》并广为发布，告知巴蜀百姓，唐蒙所为并非皇上本意，讲清打通夜郎道的利弊。文章情理入心，深得人心，于是迅速平息了事端。

　　邛、筰部族的首领听说南夷已与汉朝交往并得到很多赏赐，也希望汉朝按南夷的待遇对待他们。汉武帝向司马相如询问此事，司马相如说："邛（今西昌）、筰（今汉源）、冉駹（今茂县、汶川等地）等离蜀地很近，道路容易开通。秦朝时就已设置郡县，到汉朝建国时才废除。如今的确需要重新开通，设置郡县，其意义超过南夷。"汉武帝便采纳司马相如的建议，转向了比较易通的西夷。

　　公元前130年，汉武帝封司马相如为中郎将（级别相当于郡太守，约今省部级），持节出使西南。人生易老，时年司马相如已49岁。"司马长卿便略定西夷，邛、笮、冉駹、斯榆（今天全）之君皆请为内臣。除边关，关益斥，西至沫、若水，南至牂柯为徼。通零关道，桥孙水（安宁河）以通邛都。还报天子，天子大悦。"《史记·西南夷列传》记载："蜀人司马相如亦言西夷邛、笮可置郡。使相如以郎中将（当为中郎将）往喻，皆如南夷，为置一都尉，十余县，属蜀。"

在司马相如的苦心经略下，西夷招抚开局良好。

宦海沉浮魂归蜀

司马相如发动巴蜀万人，开山架桥，广修驿站，拆除边境障碍，打通"灵关道"，竭力把大汉王朝的势力扩展到沫水若水一带。然而，正是此举让司马相如遭到朝廷和民间的强烈反对，成为他仕途的转折点。

由于汉武帝常年对匈奴作战，国库亏空，以公孙弘为首的官僚历陈开放之弊，认为这是"以为疲敝中国，以奉无用之地"。同时，巴蜀当地的富绅对打通"灵关道"动用大量人力、物力，向他们集资深怀不满。司马相如一面向下说服巴蜀父老，一面向上历陈皇上同僚，身心俱疲。他再次以书言志，写下《难蜀父老》，说"盖世必有非常之人，然后有非常之事；有非常之事，然后有非常之功"，让家乡父亲深明大义。在司马相如苦心劝导下，商贾乡绅终于看到打通西夷的长远利益，纷纷捐钱捐物，百姓也踊跃出力，一时修路架桥进展顺利，由成都经今邛崃、雅安、芦山、汉源、西昌至大理的"南丝绸之路"西线终于贯通，商贸往来日渐繁荣。西南边陲之地成为富裕繁荣的"天府之国",这正是司马相如当年所期望的。

汉武帝见司马相如开拓西南有功,决定下诏重赏。但朝中有人忌恨司马相如,告发他在出使期间收受贿赂。等待司马相如的竟是一纸免官诏书。看淡世事的司马相如也不申辩,淡然回乡养老。正义或许迟到,但终会到来。大将军卫青得知司马相如贬官回乡,坚信清高简朴的司马相如被人陷害,说服汉武帝重新彻查此案。司马相如终还清白,再次被召回长安复招为郎,此时司马相如已 52 岁了。后随汉武帝至长杨狩猎,其间曾作《谏猎疏》《哀秦二世赋》等赋劝讽汉武帝。

宦海无常,年老体弱的司马相如患消渴疾(糖尿病)多年,对功名利禄早已看淡,常称病闲居。汉武帝仍不舍这位清白有才的文人,于是给司马相如委以文园令的闲职。深居在远离政治中心的茂陵,司马相如写下了人所共知的《长门赋》《大人赋》。

公元前 118 年,61 岁的司马相如已风烛残年,他将自己苦心写下的最后一篇赋文《封禅书》存放好,静静地等待着凤凰涅槃……

一代赋圣耀千秋

作为汉赋的奠基者,司马相如被后世极力推崇。扬雄说:"长卿赋不似从人间来,其神化所至邪!"班固、刘勰称他"辞宗",林文轩、王应麟、王世贞等称他"赋圣"。鲁迅在《汉文学史纲要》中说:"武帝时文人,赋莫若司马相如,文莫若司马迁。"左宗棠也曾撰联:"文章西汉两司马,经济南阳一卧龙。"《史记》共有 130 篇列传,年龄小司马相如 34 岁的司马迁不仅单独为司马相如立传，而且《司马相如列传》竟长达 1.1 万余字。司马相如和司马迁是汉代文坛上两颗最辉煌的明星，他俩为中国文学提供了新的体裁样式。赋到了司马相如的《子虚赋》《上林赋》问世，才定型为一种新的文学体裁——汉大赋。汉赋的成熟与定型不能不说是司马相如对中国文学的伟大贡献。司马相如的学术尤其是经学对后代的蜀学产生了深远影响。司马相如等西汉文人代表人物作品中的讽谏精神正是宋代蜀学代表的苏轼父子所看重的。针对宋代初年骈俪的文风，苏轼要求学习西汉文人讽谏精神时说："吾州之士，通经学古，以西汉文词为宗师。"正因为司马相如在蜀中学术上的影响，蜀中历来就有司马相如的祠堂，供后世凭吊。

作为西汉边疆开拓的杰出战略家与实践者，司马相如的功绩不逊于汉赋对后世的影响。在司马相如一生的政治活动中，最能代表其杰出贡献的就是出使西南夷。司马相如两次入蜀，恩威并施成功地说服了巴蜀吏民，使夷西南少数民族与汉廷合作。他以和平而非军事的手段对西南夷进行有效管理，推动促进了边疆及民族地区的经济发展和民族大融合，加强了中央与边疆地区、民族地区的沟通与交流，维护了国家的统一完整，有力地维护了汉王朝对中国西南地区的统治。

梳理司马相如的创作及其一生的主要事迹，不难发现，儒家历来所倡导的"大一统"思想不仅是其创作的主导思想，也是其从政的一贯准则。《子虚赋》和《上林赋》借亡是公之口贬损齐楚，实则是在张扬汉天子的权威，其背后深层的意蕴便是对"大一统"王朝的肯定。在《喻巴蜀檄》和《难蜀父老》中，更是旗帜鲜明地表达了维护汉王朝的"大一统"这个思想。司马相如不仅从理论上鲜明地提出拥护"大一统"王朝的思想，更是在其参与政治实践的过程中将其忠实地贯彻施行。结合司马相如生活的主要时代，汉武帝的主要作为乃至当时社会的基本走向，"大一统"的政治局面已经是大势所趋、人心所向。而在汉朝这个统一王朝不断定型的过程中，司马相如无疑是起到了推波助澜甚至是引领时代的作用。司马相如已去世 8 年后的公元前 110 年，汉武帝泰山封禅，告太平于天，报群神之功。同时，汉武帝首次明确提出，封禅泰山必须扫平宇内、一统天下，必须天下太平、长治久安。此后，封禅便成为一统天下的天子的必行之事。

嘉陵江水日夜流，巷陌仍闻忆长卿。司马相如，这一代人杰已化为遥远的恒星，在中华文明的浩渺天空熠熠生辉……

三 国 风 云 入 胸 中　　蹭 蹬 一 生 笑 落 日

陈寿

杨虎

人物简介

陈寿（公元 233 年—297 年），字承祚，巴西郡安汉县（今南充市）人，著名史学家。陈寿少时好学，师事同郡学者谯周，在蜀汉时曾任卫将军主簿、东观秘书郎、观阁令史、散骑黄门侍郎等职。蜀降晋后，历任著作郎、长广太守、治书侍御史、太子中庶子等职。太康元年（280 年）晋灭吴结束了分裂局面后，陈寿历经十年艰辛，完成了纪传体史学巨著《三国志》。元康七年（297 年）病逝。

主要贡献

陈寿与司马迁、班固齐名，史称"并迁双固"，编撰了史学名著《三国志》，该书与《史记》《汉书》《后汉书》合称"前四史"。陈寿在《三国志》里，以人物传记的方式记载了蜀汉"必以人为本""弘毅宽厚""赏罚必信"的治国理念和蜀地儒学、经学及其师承流变的情形，对巴蜀历史文化和蜀学、经学的传承做出了重要贡献。

◎ **历史功绩** ··

　　陈寿在传承汉代史学传统的基础上，首创纪传体断代国别史体例体裁，以新的范式书写了三国时代复杂多变的历史风云画卷，为后人留下了解和研究三国政治、经济、文化和人物的信史，并成为后世《三国演义》、三国文化的底蕴所在。编纂《益部耆旧传》，保存巴蜀历史文化。撰《官司论》，主张制度改革，与时俱进，顺应历史潮流。

◎ **在川遗存** ··

　　南充市有陈寿旧居、万卷楼旧址、陈寿公园、陈寿衣冠冢等纪念场馆。

◎ **当代价值** ··

　　陈寿勇于创新、不拘一格、敢破旧制的创新创造精神，实为今人应当继承的宝贵精神财富。其一生虽屡历逆境却不事权贵，体现了中华传统知识分子的浩然正气和风骨。

2020 年 8 月，立秋时节，犹带着暑热的风从南充嘉陵江水面犁过，吹得顺庆区西山之上翠竹纷摇，满地斑驳碎影。嘶鸣不息的蝉声中，沿褐色石阶缓步向上，楼门上方，阳光将赵朴初题写的"万卷楼"3 个大字映得熠熠生辉。跨进门来，只见高约 5 米的陈寿塑像正屈膝而坐于庭院中央，其峨冠博带，正衣袖飘飘。再一细看，经历了 1700 多年的淘洗，已然从血肉之身转化为青铜之躯的陈寿将瘦长的双手从宽袖中伸出，紧紧抱住怀中的数筒竹简。他眉角上扬，眼眺远方，清癯的面容上笑容微露，仿佛刚完成人生的一件壮举，正准备卸下担子，奔赴一次从容的远行。

万卷楼内，一副副对联书写着后人的感慨：

"千秋笔写千秋史，万卷楼藏万卷书"；

"承祚倘无三书神州竟成千古恨，果城幸有万卷举世得仰一名楼"；

......

果城南充有幸，出了陈寿，三国文化之源就此可以千年寻根；险峻四川有幸，十五卷《蜀书》尽览蜀地三分天下的辉煌与悲壮：能攻心则反侧自消，自古知兵非好战；不审势即宽严皆误，后来治蜀要深思；浩荡中华有幸，由《魏书》《蜀书》《吴书》组成的史学巨著《三国志》，让公元220年至280年间发生在中国大地上的三国风云走向世界，至今仍让人津津乐道，辗转深思，生发着无数历久弥新的话题。

风云早已远去。当硝烟散尽，人间终究是生机茂盛。此刻，那曾见证过赤壁大战的浩浩大风，那曾吹拂过南阳诸葛庐的缕缕清风，正在滔滔流淌的嘉陵江上徐徐吹送，它以散淡而从容的语气，向我们讲述着陈寿与《三国志》密不可分的一生。

师从谯周　少年陈寿初显名

陈寿在少年时代即以文章知名于蜀中。他的师父，是鼎鼎大名的谯周。谯周，东汉时巴西西充（今南充市西充县）人，出身于书香门第，自幼勤奋好学，饱读经书，知晓天文，由于才学出众，在蜀后主刘禅建兴年间，被诸葛亮任命为劝学从事。诸葛亮去世后，先后担任过典学从事、中散大夫等职。

现在已经无从知道陈寿向谯周拜师的全过程了。或许，是因为父辈的关系，让少年陈寿投奔到了同乡谯周的门下。据《晋书》记载，陈寿的父亲本为马谡手下一名参军，在公元228年春天那场著名的街亭之战后，平日里大言不惭纸上谈兵的马谡被诸葛亮挥泪斩首。陈寿的父亲也因此受到牵连，受了"髡刑"，被剃光了头发和胡须，不得不忍辱含羞地回到家乡，每天郁郁寡欢地生活，从此不再出仕。大约就在父亲回家乡南充生活的第五年（233 年，诸葛亮去世前一年），陈寿呱呱坠地了。或许是深知自己已仕途无望，原本雄心勃勃的父亲便将全部心血倾注到了陈寿身上。小时候的陈寿体弱多病，父亲为他在神前祈祷，取名为"寿"，字"承祚"，既希望他长寿健康，也期望他今后在人生之路上吉星高照。

嘉陵江边的风吹拂得少年陈寿眉宇间一天天俊朗起来。喜爱读书的他，被满怀希望的父亲送到了居于成都的谯周门下。那时候，谯周已名著蜀汉，被时人誉为"蜀中孔子"。出生于公元 201 年的谯周比陈寿整整大了32 岁，当少年陈寿与中年谯周第一次相遇时，面对眼前这位意气风发的少年才子，老师谯周眼里的神情虽然满是欣赏与鼓励，但心里却是百感交集，又喜又忧。

那时候的蜀汉政权，正被自己当初所建政的道统观念所绑架，因为高举了复兴汉室的旗帜，即使国小兵疲却又不得不与强大的魏国一直进行着高强度对抗。满朝文武里，除了谯周等寥寥数人外，谁也不敢出来指出这一点，匡正朝廷的错误。诸葛亮已经死去十多年，摇摇欲坠的蜀汉，既渴望人才辈出，却又难以为真正的人才提供用武之地。这一点，成年以后的陈寿将会有痛苦的感受。

在蜀汉政权里已阅尽仕途况味的谯周对这位小同乡关爱有加，除尽心教他儒学典籍，助其将儒家伦理内化于心之外，还常常命他在史学写作的角度与素材取舍上进行反复摸索。同时，谯周还暗暗观察陈寿平日里待人接物、说话做事的举动与风格，经常以巧妙的提示匡正他的言行。

与写作《三国志》时文字风格比起来，求学时代陈寿的文章风格是华丽多彩的。《华阳国志》里记载：他锐精史、汉，聪警敏识，属文富艳。那时候的陈寿正少年不识愁滋味，常以才学傲人，以致谯周有一次对他长叹道："卿必以才学成名，当被损折，亦非不幸也，宜深慎之。"

许多年后，当已近知天命之年的陈寿回忆起自己的老师时，心中才恍然大悟老师对自己的一番苦心。那时候，他已内心静穆，反映在笔下，便是文字简约、客观冷静。比如他写曹操与刘备青梅煮酒论英雄，刘备闻听曹操推自己为英雄时大惊失色，仅用了7个字，便写出了刘备那一刻内心狂乱的波澜："先主方食，失匕箸。"因此，他回忆起老师的那一声长叹时，再也掩不住满面泪水，内心的深情像涨水一般从笔墨里洋溢出来："（谯周）身长八尺，体貌素朴，性推诚不饰，无造次辩论之才，然潜识内敏。"

远避黄皓　青年陈寿尝坎坷

老师的预言果然成真。数年后，以才学知名的陈寿走上了仕途，在蜀汉政权中谋得了一个卑微的职位：观阁令史。在这个职位上，内心满怀一番抱负的陈寿当然是做不出什么成绩的，原因不在于陈寿无才华，恰恰在于他是有才华，无手腕。

朝廷给予青年陈寿的，乃是蜀汉政权庞大官僚体系中一个无足轻重的闲职。在魏蜀吴三国鼎立的局面里，蜀汉地处西蜀，国小民少。虽然成都平原为华夏闻名的"水旱从人，不知饥馑"的天府之国，然而膏腴之地亦不过数县而已，再加上连年征战，本就不丰厚的财政常年供养着一支在边境线上游动的庞大军队,早已是捉襟见肘。然而朝廷的架构是一样也不缺的:大内三宫六院,堂上文武百官;官之外,尚有吏,吏之下,辅以员,层层叠叠,叠床架屋,因人设事,犹如一张庞大的蜘蛛网。

青年陈寿不过是这庞大蜘蛛网上一粒小小的尘埃而已。他唯一能依靠的是老师谯周,而谯周在那时候,亦不过是比学生陈寿稍大一点的灰尘而已。整个朝廷,早已经被一个人掌控在了手中。

这个人,就是蜀汉历史上臭名昭著的宦官黄皓。几年后,当大将军姜维得到魏将钟会治兵关中的消息时,上表后主刘禅调遣张翼、廖化驻守险要,但黄皓听信鬼神之说,告诉刘禅敌人不会来,并向蜀汉大臣们封锁了这一消息。直到魏军五路伐蜀,攻入汉中,蜀汉政权失去最大的地理屏障,刘禅才从梦中惊醒过来,派张翼、廖化等人前去救援,但为时已晚,就此埋下了蜀汉亡国的伏笔。此是后话。

初登仕途的青年陈寿要想有所作为,就得投靠黄皓。然而,他偏偏洁身自好,远离黄皓。《晋书·陈寿传》记载:"(时)宦人黄皓专弄威权,大臣皆曲意附之,寿独不为之屈,由是屡被谴黜。"

这正是在中国数千年皇权专制的土壤上,无数有良知的知识分子遭遇的悲惨命运。在这片土壤产生的官场上,历来讲究人身依附,当我们翻开《儒林外史》等一系列描写封建社会官场百态的作品时,常能见到这样一个词:门生。通过科举考试这一门槛,中考的士人便与主考官结下了师生之谊。从此,这一份情谊就成为封建社会官场上无数官员或升官进阶,或失意贬谪的一道命门。

在青年陈寿看来,黄皓的所作所为正是让蜀汉日益衰弱腐败的原因所在,所以他要远离;而在黄皓看来,自己位高权重,陈寿乃是一个初出茅庐的小青年,所谓满腹才华,在黄皓们的认知里,不过是迂腐之人的迂腐之为而已。

耿介的陈寿就此被打入了蜀汉官场的冷官。好几年间，他一直辗转在秘书郎、散骑、黄门侍郎等多个闲职上，尝尽坎坷滋味。转眼流光飞逝，他又遭遇了一场始料未及的诽谤：这一年，陈寿父亲去世，他回到老家守丧，身体本就孱弱的他因伤心过度，生了一场大病，只能躺在床上，让婢女伺候自己服药。没想到这一幕正巧被来客看见，顿时流言横飞，很多人仅是道听途说，便站在所谓道德制高点上，在背后对他进行议论与指责。官场的黑暗和世人的不宽容，让陈寿一度心灰意冷，然而也让他内心暗暗发誓：一定要从世路坎坷中走出来，真正有一番作为。

数年以后，他在一首名为《题画》的诗中形象地描绘了自己当时的心路历程：

远道西风落叶寒，萧萧孤蹇上长安。

关山不似人心险，游子休歌行路难。

潜心著述　壮年陈寿绘巨著

正当陈寿品尝人情冷暖，在坎坷世路上苦苦跋涉时，突然之间，他迎来了人生道路上的巨变：蜀汉政权亡国了。

公元263年，魏将邓艾突出奇兵，翻过天险摩天岭，突然出现在成都平原，当诸葛亮的儿子诸葛瞻、孙子诸葛尚相继在绵竹战死后，后主刘禅内心方寸大乱。在谯周苦口婆心的劝说下，刘禅用一条绳子把自己捆住，打开城门，带领文武百官向邓艾献上了国玺，建立了43年的蜀汉政权就此灭亡。这一幕，被时年 30 岁的陈寿看在眼里，镌刻在了自己的记忆中。15
年后的一个下午，他在洛阳窄小的私宅里提起笔来，轻轻呵了一口气，凝
望着书房窗外北方那轮浑圆的落日，脑海里涌起来的都是与中原景色迥异
的故国人事、故土风景。他克制住内心的情愫，往竹简上写下了又黑又亮
的两个字：蜀书。

这时候，陈寿已经是晋朝的一名官员，身份是 3 个字的著作郎。这是
司空张华为他争取来的职位。张华，河北范阳方城（今河北省固安县）
人。和陈寿一样，张华的父亲也曾担任过朝廷官员，然而亦是家道中落，
张华少年时代就在田野里以放羊为生，贫苦的环境反而铸炼了他一心向学
的意志。《晋书·张华传》记载：他学识优异而渊博，辞藻和顺而华丽，
聪敏而多才。步入青年后，有如此才能，张华自然不甘一直生活在社会最
底层。为了引起世人的注意，他写了一篇《鹪鹩赋》，以鹪鹩这种小鸟在
天地间的生存状态来比拟人间万象，抒发自己虽身似鹪鹩，却并不因此而
自卑自怜，依然可以像大鹏那样从容地遨游于天地之间的情怀。这篇文章
一问世便不胫而走，著名诗人阮籍读完之后，赞叹道："（作者）有王佐之
才也！"此后，张华一路高升，相继担任了著作郎、黄门侍郎等职，受到
晋武帝司马炎的高度信任。

或许是因为这种原因，张华一向留意选拔民间的有才之士。于是，一
个偶然的机会，陈寿进入了他的视野。

蜀汉亡后，作为前朝遗民，陈寿在家乡南充又沉寂了数年。他一边侍
奉年迈的老母，一边闭门读书，苦苦思索着蜀汉从刘备、诸葛亮等人白手
起家再到刘禅亡国的原因。43 年来的兴亡得失在他脑海中一幕幕闪过，刘
备的气概、诸葛亮的才干、关羽张飞的勇猛、赵云的忠诚、姜维的悲壮
等，经常让陈寿半夜里醒来再也无眠。人生不过短短数十年，而时间的车

轮却始终滚滚向前，当年秦始皇统一六国，筑长城、建阿房，脚下万里江山，何等的意气风发，然而转眼间，煌煌大殿就被项羽一把大火焚毁；高祖刘邦斩蛇起义，入咸阳，战垓下，以平民之身而登天子之位，大风起兮的歌声何等的得意辉煌，然而转眼间，"白骨露于野，千里无鸡鸣"，汉家江山一分为三……历史的疼痛横亘在陈寿心中，他睁大眼睛，望着头顶闪烁的星辰，内心悲凉不已：天地之间，人生如白驹过隙，雄壮如汉高祖魏武帝，卑微如自己这样的普通人，当生命的历程走完，总得为后来者留下自己的一点见证吧？

他萌生了为蜀汉写史的念头。公元 268 年左右，陈寿得到张华的举荐，被举为孝廉，朝廷授予他佐著作郎（相当于著作郎副职）的官职，随即又出任阳平县（在今安徽省境内）县令。在张华的鼓励下，陈寿撰写成了《诸葛亮集》上报朝廷，被正式任命为著作郎。

《诸葛亮集》又名《诸葛亮故事》，共 24 篇，将诸葛亮的生平故事连同他所撰写的奏折、文章等编在一起，形成了一个有血有肉的诸葛亮，让人读来如在眼前："亮少有逸群之才，英霸之气。身长八尺，容貌甚伟，时人异焉……"

通往巨著《三国志》的写作门径就此打开。

天下大势，合久必分，分久必合。晋武帝太康元年（280 年），晋灭吴，三国归晋，中华民族重新实现了大一统。10 年后，陈寿历经艰辛，终于完成了史学巨著《三国志》。全书分为《魏书》30 卷，《蜀书》15 卷，《吴书》20 卷，共计 65 卷，记载了从魏文帝黄初元年（公元 220 年），到晋武帝太康元年（公元 280 年）整整 60 年风云变幻、跌宕起伏的三国历史。

三国的故事就此被人们牢牢记住。1000 多年后，罗贯中根据《三国志》史料，在民间评话的基础上，创作出了脍炙人口的《三国演义》。三国的故事就此走向世界。

完成《三国志》的这一年，陈寿已经 58 岁了。他不知道，自己的生命只剩下了短短的 7 年。而这短短的 7 年，他还将遭遇一些更加屈辱的坎坷。

蹭蹬一生　晚年陈寿笑落日

在别人看来，58 岁以后的陈寿心情应该是很郁闷的。然而，这个写出了《三国志》的四川人怎么会轻易就被一些捕风捉影的言论所打垮呢？险峻的蜀山赋予了他坚毅的意志，清亮的蜀水给予了他柔美的情感。这一点，从他流传至今的一些诗歌中就可以看出来。如果说《三国志》的行文如山一般简约有力，那么，他的诗歌就同水一般柔和，洋溢着故土的情思。这情思，总在最艰难的时候爬上心来，抚慰着陈寿那颗游子的心灵。

"风波世路信多艰，千里羁危未得还。慈母依门垂白发，故园回首隔青山。交游半达云霄上，弟妹相亲梦寐间。寂寞书斋谁顾问，只将诗句慰愁颜。"这一首诗，名叫《秋日武陵客舍写怀》。人到中年，去国离乡，在秋天客居武陵（今湖南省常德市一带）的时候，陈寿写下了上述诗歌，深深思念着故乡的山水。这时候，他的《三国志》已经收获了巨大的反响。《晋书·陈寿传》记载："时人称其善叙事，有良史之才。夏侯湛时着（著）魏书，见寿所作，便坏己书而罢。张华深善之，谓寿曰：'当以晋书相付耳。'"

尽管声名日显，官场的倾轧依然降临到他头上，几年前，他就因为按照母亲的临终遗言将其安葬在洛阳而受到非议，被贬去了治书侍御史的职务。此时，他已经明白了许多，便将精力全部投入到《三国志》的写作中。

晋惠帝元康七年（297 年），陈寿去世，享年 65 岁。

史书上说陈寿为失意病卒。其实，晚年陈寿的内心应该是也必然是从容和平静的。对一个史学家来说，观察与书写历史的任务已经完成，人生还有什么可以遗憾的呢？

尽管一生蹭蹬，然而我们可以想象，在告别人世的那一刻，陈寿的内心一定是笑对落日的。中原的落日又大又圆，每当一轮红日西沉的时候，陈寿经常搁下笔，一个人凭窗眺望，思念着故乡的山水。尽管关山重重，但是，嘉陵江的涛声始终在他心头回响。

方 志 鼻 祖　　蜀 史 巨 擘

常璩

杨献平

人物简介

常璩（约公元 291 年—361 年），字道将，蜀郡江原（今成都市崇州市）人，东晋史学家、地理学家。常璩生于"文献故家"，得其叔祖父常宽易学、史学之真传。成汉时期曾任太史令。公元 347 年，东晋大将桓温伐蜀，灭成汉。常璩入晋后，专注于修史，撰有《华阳国志》《蜀汉书》等。

主要贡献

常璩所撰《华阳国志》记载了四川、云南、贵州全境以及陕西、甘肃、湖北部分地区的史实，记述时间远起于天地开辟之初，近止于晋永和三年（347 年），是中国现存最早、最完整的一部地方志著作。

历史功绩

常璩将古代志书中历史、地理、人物三体相结合，创立了体制完备、内容丰富、记事生动的方志体裁，堪称"方志鼻祖""舆地功臣"。《华阳国志》综合继承了西汉以来八家"蜀纪"、历朝"正史"以及其他地方文献，完整构建了北起汉中（今属陕西省）、南到南中（今属云南省）、东到湘西鄂西、西际康藏甘青的广袤区域内，上起远古、下迄晋室的地理人文历史体系，为研究中国西南地区山川、历史、人物、民俗提供了重要史料，时称"蜀史"，被誉为"地域渊薮""巴蜀良史"。该书历来受到学者的高度评价和推崇，范晔的《后汉书》、裴松之的《三国志注》、郦道元的《水经注》、唐初编修的《晋书》以及司马光的《资治通鉴》等，大量取材于《华阳国志》。

在川遗存

成都市崇州市有常璩广场、华阳国志馆等纪念场馆。

当代价值

常璩具有秉笔直书的良史态度、敢于创新的学者风范、维护统一的大局意识、资政育人的济世情怀。

血缘里的文脉

那是一个秋天的午后，一个苟延残喘的中年人，叫他的夫人取出一个木匣子，并把他们仅有8岁的儿子喊到床边。这个即将去世的中年人，名叫常耘。他的祖上也颇为显赫，其先祖名为常廓，出生于江原县，后迁居到繁县常家坎村居住。这个常廓，曾为功曹，在其县令被人诬陷下狱之后，诬陷者以严刑拷打令其作伪证，而常廓据实从心，甘愿受酷刑，坚守良知，绝不从恶。一年后沉冤得雪，升为郫县县令。

家风如此，令人钦佩。这江原县治所所在地，在今四川省崇州市之江源场。江原县、繁县、郫县三地相距不远，都是一衣带水的"蜀中之地"。可那个年代，却是纷争不断。其主要的王朝是司马懿及其后人所建立的晋朝，可是司马氏治下，各种势力林立，将相各怀异心。即便是偏隅西南的巴蜀之地，也是战乱不断。

但这些，暂时还和常耘一家没有太多的联系。自感时日无多的常耘让妻子郑瑶（其实没有留下姓氏，姑且以郑瑶称之）从小木匣子里取出一支铁笔，然后对他8岁的儿子常璩说，此物乃是祖上传下来的，用这支铁笔写字，日久之后，力透纸背，且运笔如神，让他时常使用，多年后，必定能够写得一手好字。但这句话更深的意思是，我们常家不仅是大家族，且还是这巴蜀之地最先以文化立身，进而强族、教化后人的先驱者之一。他们的太叔公常宽，其一生的主要作为和建树，便是撰写和整理了《蜀后志》《典言》《后贤续传》等地方志、笔记、文献考据等书籍。

常耜在临死之前，将铁笔传于唯一的儿子常璩，用意不言自明，即要他继承先祖遗风，不仅要做一个读书人，且要在文化和思想上有所建树。

丈夫去世，郑瑶承担起抚养幼子的职责和义务，艰难异常。她以织布、耕田为生，让常璩继续学业。常璩至孝，又读圣贤之书，当然会严格遵守儒家伦理，独自一人，在父亲坟地旁边，搭窝棚而居。

3年后除去孝服，常璩回到家里居住。也就在这一年的冬天，某日清晨，早起的常璩刚一打开门，发现两个人倒在他家门前。他吓了一跳，上前一看，只见一个女孩和一个妇女饿晕在地。他马上叫来母亲，郑瑶跑来一看，拿了一些米水，灌给妇女和女孩。

待到妇女和女孩苏醒过来，诉说来由，也是令人心酸。妇女的夫家姓冯，她自己姓赵，女儿名叫冯珍，在魏晋时期，也有过一段颇为显赫的家族史，后定居略阳。但冯家家道中落，且夫早死，在这乱世，余下她们母女，在原地待不下去，也随着流民到处觅食，以求活下去。郑瑶见母女俩无依无靠，想着自己也是寡居，不如把她们留下来，也是功德一件。再说，家里也多一个帮手。郑瑶这一做法，冯氏母女肯定感激不尽。

与此同时，常璩也听从母亲的意见，拜西山（青城山）清风洞开私塾教学的大儒范长生为师。

追慕先贤的远行

在清风洞书院的日子，常璩最喜欢阅读和效仿的，还是其先祖常宽的《蜀后志》和司马迁的《史记》。《史记》对于中国历史的开创之功，可谓旷古烁今。而常璩最感兴趣的是司马迁对于西南夷历史的考证与记述，而司马氏之"亦欲以究天人之际，通古今之变，成一家之言"，使得年少常璩也觉得有了一种使命感。19 岁那年，常璩的恩师范长生受成都王李雄的盛邀，出任其偏安政府大成王朝的丞相，参与政事。范长生为成汉政权的丞相之后，也确实帮助李雄制定和实施了不少善政，使得巴蜀和南中、汉中等地的民生状况有所改善。

这一年，在家族长辈常松的撮合之下，常璩与干妹妹冯珍结为夫妻。因为知根知底，且一起长大，冯珍对常璩的抱负是绝对理解和支持的。两人新婚不久，常璩便想效仿先贤司马迁，到更广阔的河流山川之间，游历大地以增强体质，开阔胸襟视野；遍睹人文，以壮大心志，丰富人生阅历；穿山越岭，走州过县，以体验不同地域之生民状况及民俗风情。

公元 314 年秋天，常璩打点行装，准备上路。

他去的第一站是江州，即今天的重庆。那时候，陆路不便，只能乘船。而江州，当时是巴人的主要聚居地。巴人，人群构成比较复杂，其来源至今扑朔迷离。在重庆及其周边，尤其是武陵山区，自古民族众多，多不可考，至今成谜，大致有廪君族，作为盘瓠之后的五溪蛮，氐羌之后的太皞巴人。此外，还有以濮、賨、苴、共、奴、獽、夷、诞、獠命名的人群。

一日，常璩在一堤岸边与一老者相逢。其白须黑面，身披蓑衣，语调和发音与蜀地有近似的地方。常璩与之攀谈，老者向他讲述了关于巴人的传说。其实，早期的巴国之地与中原地区的情况有些类似，即各处有诸侯国，或者叫方国，各自独立，然后推举一个势力大、有德行的人为天下共主，借以统领、参与作战等。当然，这些方国之间，也时常爆发兼并和利益之战。

　　常璩从老者口中了解到，从前，廪君之族势力越来越大，其居住的"武落钟离山"已经严重拥挤，只好向外扩张，先是从清江上游的夷水乘船而下，至盐阳，与盐水女神假意联合，尔后发兵攻占其地盘，又穿过大溪河向北，进入巫山，再从乌江支流郁江，进入武陵山区，再至涪陵建都，后转移到了江州。可廪君之巴人最终还是被更加强势的楚人一再击溃，不得不退却到垫江，即今重庆合川；再而，又退到阆中等地。

　　在攀谈中，老者还说到了巴人之中的英雄巴蔓子将军及其事迹，敬佩他的忠义精神。不论在哪个年代，忠孝节义都是受人尊敬的品质。从中也可以看出，儒家文化在西南地区的深入程度，基本上教化或者说已经成功改造了昔日西南夷大部分人群的精神向度与思想意识。

　　听了老者的一番话，常璩对"武落钟离山"产生了浓厚兴趣。辞别老人，乘船至涪陵，然后再溯乌江而上，至彭水，就进入武陵山区了。武陵山原名犨骸山，一直到唐朝天宝年间，才改名为武陵山。可是，"武落钟离山"已经是一个残存的传说，具体地址已经无法找到了。失望之余，常璩去了摩围寨，观赏了一种比较原始的舞蹈，并参观了他们巫师作法的全过程。

　　如此一番周游，不知不觉，两个月时间已经过去。返回江州后，常璩又去了夜郎国的故地，也就是彼时的南中地区，位于蜀地西南方，囊括了今天的贵阳、昆明、西昌、毕节和昭通等广大地区，也是令人神往但又充满惊险的地方。

　　常璩一路跋山涉水，至夜郎国。从当地人口中他了解到，先前，有一位名叫尹道真的人，于夜郎开设学堂与私塾，教化民众，以至于多年后黔地与滇地之民也深受影响，形成了较为浓厚的文化氛围。

大成小国的太史令

这一次远行，对常璩本人来说，肯定是一次生死历险。当时的南中之地，山寨林立，族裔纷纭，他曾无意中被獠人捕获，在哀牢山中做了一段时间的奴隶。随后，因为他颇懂医术，治好了他们当中的瘟疫患者，才被释放。但在回程路上，途经大凉山，又被捕获，卖给羌人头目，为其做奴，随后又被卖到夜郎山，费尽周折方才脱险。这一次游历，常璩考察和了解了巴人之地与南中、夜郎、滇国等地的风俗人情，以及民族构成及其流变的历史，当然也对各地的物产及其分布、功效，以及各地迥异的民风习俗等有了深入的掌握，为他修史提供了丰富的真实考据和见证材料。

4 年之后，常璩回到了常家坎。看到常璩平安回来，一家人欣喜不已。

公元 318 年，受其恩师、大成国宰相范长生的倾力举荐，常璩充任大成国的太史令。斯时的大成国，疆域虽小，但在李雄治下，因为仁政惠民，兵马和人事安排较为妥帖，倒也显露出一些繁荣稳定的景象。

太史令这个官职，是从汉武帝开始的，司马迁之父司马谈便是第一任。后又分左右，左史记录的是动态的国家大事及民生、祥瑞、灾祸、战争、皇帝及其臣子的现实性变化等，右史负责记录皇帝及主要臣子的言论、民众的意见反映等。常璩左右皆负责，还可以随军出征，伴随王驾，建言献策等。

但作为一个小国，及至常璩赴任，史官却只有他一个人。常璩亲手对库中的书籍分门别类地进行了整理。其中，不仅有诸多的儒家、道家的经典著作，还有《汉书》《三国志》《三巴记》《蜀都赋》《风俗通义》《益州记》《前汉记》《南中异物志》《益部士女传》《辅臣传》等前人书籍。这对于常璩来说，犹如至宝。

常璩的内心是博大的，起初，并不十分情愿到大成朝内做史官。常璩读过的书籍中，对他影响最大的肯定是孔孟之学。两位先贤的家国政治主张，可能深刻地影响了常璩，他大致与当时的许多饱学之士有着相同的心愿，即渴望一个大一统的国家。然而，常璩处在巴蜀这样的一个政治环境中，为了他修史的理想，再加上诸多的人情，他也不得不暂时入史馆，做一个观察历史进程的文史官员。

在成都日久，常璩发现，大成国虽有李雄当政，但因战功而倨傲，甚至产生自立为王之心的将相王公大有人在。

大成朝中，太傅李骧属下的大将李凤作战有功，据梓潼不出，而不听号令；其兄之子李稚对李凤又很忌惮，多次派人秘奏李雄。李雄猜忌，便决定亲率大军到绵阳督促李骧出兵讨伐李凤，大军开拔之时，常璩作为太史令随军前往。

这一场内部战争，以李凤失败告终。回到成都，常璩着手撰写大成王朝的大事记，接着补写西晋时期先任益州刺史、后自立为太平王的赵廞，以及益州刺史罗尚任期内所发生的大事。这个赵廞，既是李雄父亲李特的合伙人，也是相互攻伐歼灭的仇人。罗尚是忠心西晋的将领和地方官，但在与李特和李雄等的斗争中，以病死告终。短短几十年间，益州的政权更迭相当频繁，且多数王朝国祚都极短。

就在这时候，常璩遇到了对他修史有着较大影响的一个人，这个人名为曾胜，是赵廞和罗尚期间的文史馆馆员。在书写赵廞和罗尚期间发生的大事的时候，有些模糊不清，也难以考证和确认，常璩便想到曾胜。

曾胜是一位具有高度文化自觉的读书人，也醉心于记录他所见证的历史和时代变迁。曾胜对常璩修史的严谨及雄心很是欣赏，便将自己多年的心得和方法、技巧等倾囊相授。

忧国爱民的散骑常侍

公元 320 年前后，成汉李氏最好的皇帝李雄依旧在任，但与各个地方的军事势力之间的冲突也增多。晚年，李雄最终确定李班为太子。李雄死后，李班尚未继位，便被李越和李期伙同大臣田褒等人谋杀在先帝李雄的灵堂之内。

翌日，李期矫诏继位。李期性残暴，又多疑，对忠于李雄和李班的臣子，进行了一轮又一轮的清洗。常璩也被流放哀牢山，妻子冯珍随他同行。当地郡守尹亮，居然是夜郎人尹贡的后人。读书人相见，惺惺相惜。常璩以其早年游历之见识和了解，帮助尹亮解决了獠人经常抢劫以茶换盐的普通民众的问题。他建议各居住区民众之间结对抱团，以人多的方式对抗和解决獠人的侵扰。

这一次流放，也让常璩对南中风土人情等更为了解。为推行圣贤教化，常璩在南中开设了多个学堂和私塾，招收学徒，传播儒家和道家学说。其间，常璩深入哀牢山中，探访獠人；又去夜郎山中，与尹亮等人一起，考察多个民族和地域的人文风情。

靠阴谋和杀戮得来的李期政权也面临着诸多威胁。其中，太子李班的舅父罗演与依旧忠于李班的臣子们计划着以牙还牙，杀掉李期，夺回政权。因为忌惮勇猛善战的李寿，李期先是派人毒死了李寿的养弟安北将军李攸。李寿自感危险临近，私下联合几个地方郡守，又以自己的儿子，时为翊军校尉的李势为内应，采用罗演之子罗壮的计略，一番苦心谋划与运作之后，顺利登上了皇帝位。

李寿主政，常璩奉命回到成都，官拜散骑常侍，继续负责修史。

李寿做了皇帝后，也开始骄奢淫逸，5年后病逝，其子李势继位。常璩仍旧负责修史，完成了巴蜀、南中等地史志的初稿。打了几次胜仗之后，李势开始纵情声色，独断专行，成汉王朝也出现倾颓的迹象。

公元345年，巴蜀和南中之地的灾疫横生，民众食不果腹，流民再起。然而，李势沉湎于酒色之中，不闻不问，以至于民心渐失。常璩感到，这样的一个王朝，注定也是短命的，随时都会崩溃。但他尽己所能，一方面，充任了赈济灾荒主管的角色；另一方面，在曾胜的协助下，常璩坚持对巴蜀和南中之地历史源流的梳理，以及文章的撰写。他感到，这是他一生的真正使命，是他少小时候追慕先贤司马迁和常宽，发誓著成不朽之作，传之后世的必由之路。

但很不幸，曾胜也在此时去世了。常璩悲痛欲绝，亲自为曾胜送行。

因为李势的苛政，引发了南中地区獠人的不满，他们聚集起来，与李势政权对抗。常璩自告奋勇，亲自到涪陵，独自面见獠人首领，以其机智和义正词严，取得了獠人的信任，罢兵休战。

斯时已经是东晋时期了，桓温带兵伐蜀。先前，李势仗着蜀道难行，判断桓温这一次出征很难成功，便没有做战略上的防备。谁知，桓温这厮以赌徒的心态和作战方式，居然顺利突破成汉军的防线，到了梓潼绵阳等地。李势这才下令李福、李权和昝坚等人抵抗。

但搞笑的是，昝坚领兵傻等，也没有和桓温的军队接上火。李势见大势已去，再加上常璩、王瑕等人极力劝谏，只好写降书，自缚双臂，开城投降。至此，大成汉朝宣告灭亡，融入东晋。这也是常璩长期以来的梦想，他个人深受孔孟思想及中原思想文化的熏陶，也奉儒家文化为正统，自然而然地，便会对再度焕发了一些生机的晋朝产生好感，并极力说服李势归附于晋朝，从而使得割据多年的巴蜀及南中之地，再度回到了比较统一的中原帝国怀抱。

失意者的经典之作

常璩等人跟着李势，以降臣的身份去南京，他肯定是抱着一定的信心和期望的。更重要的是，他想以一个蜀中良臣的身份，进入东晋的统治阶层。这也难怪，常璩自小对大一统或者说中原文化的向往，有一种寻根式的心理或者说精神皈依的冲动。可世上之事，事与愿违者多。常璩这样的人，到南京后，根本就无法插足东晋的政治高层。一方面，整个晋朝都是士族阶层的天下，西蜀之地的人初来乍到，想要真正地融入其中，是很艰难的。另一方面，东晋的统治集团并没有把投降的成汉李氏及其部属放在眼里，把他们养起来，无非是做给其他人看，尤其是还在反叛并寻求恢复成汉王朝的范贲、邓定等人。

面对此景，常璩有些心灰意冷，因为晋朝的内部统治和阶层固化，不是随便就可以解决的问题。此时，常璩也只好静下心来，熄灭进取为官的打算，专心做他自己的事。

此时的常璩，因为归晋，站的位置又不同了。

按照当时的意识形态和行政疆域，他之前的历史书写需要做大的改动。首先，是皇帝年号，以及纪传体例等问题。比如，既然归附于晋朝，成汉李氏的年号就不可再用；既然作为藩属，成汉李氏的几任皇帝就不可以再用"纪"的方式了，必须要列入传的范畴；再一个，就是叙述角度，以前是巴蜀李氏大成汉朝俯瞰和条分记述，现在则需要大幅度地扩充。

面对这个难题，常璩前后思量，最终还是觉得，巴蜀和南中等地的历史书写才是他的强项。这时候的常璩，基本上已经完成了巴汉记、蜀记、南中记、梁州等地方志初稿的撰写；下一步要做的，便是盛汉王朝李氏兴衰更迭的历史，即《蜀李书》。

天有不测风云。他的恩师范长生之子范贲聚众反叛，且又在成都称王，这也牵连到了常璩。所幸，一番审讯之后，常璩无罪出狱。

经过这一次磨难，常璩愈加心灰意冷。几经思量和修改，常璩所著的史志打通了巴蜀之地从神话传说时期到东晋初年的漫漫历史演进和变革，历数先朝往事，指点兴衰，总结诸种大事对后人的警示启发，为能臣良将、忠义贤孝及贞女烈士及乱臣贼子、奸佞小人作传，记录众生之中那些舍生取义、言而有信，道德操守高尚的人。

公元 361 年，常璩完成了一生中最重要的著作《华阳国志》之后，自己的生命也到了日薄西山的时刻。此书刚刚写成不久，便广受赞誉，多方传抄。后世凡涉及西南地区的官方史志，以及个人的历史笔记当中，多引用自《华阳国志》。因为这本书，将常璩称为千百年来中国地方志鼻祖、唯一一位以地方志书写而称雄历史学界的先贤大师、文史巨擘是丝毫不为过的。

预感到自己将要作别人世，常璩写信给自己的女儿和女婿，希望能够在临终之前见他们一面。女儿等人不日赶到南京，陪侍左右。数日之后，常璩与世长辞。妻子和女儿等人护送常璩灵柩，乘船回到了故里崇州常家坎将其安葬。一代文豪巨匠，最终魂归故里，长眠在神奇丰饶、文脉流长的巴蜀大地。

念 天 地 之 悠 悠

陈子昂

李舫

人物简介

陈子昂（公元 661 年—702 年），字伯玉，梓州射洪（今遂宁市射洪市）人。唐代著名文学家、诗人、诗歌理论家，初唐诗文革新人物之一。唐睿宗文明元年（684 年）考取进士，任麟台正字，后升任右拾遗，直言敢谏，后世称"陈拾遗"。

主要贡献

陈子昂进一步发展了"初唐四杰"所追求的充实、刚健的诗风，肃清了齐梁诗歌中绮靡纤弱的习气。其诗文革新举措为唐诗的健康发展做了铺垫，是唐诗发展的理论基础和依据，也是唐诗变革的风向标。陈子昂提倡"风雅"之音，使唐诗的创作风格贴近社会生活实际，奠定了唐诗的壮阔景象，散文革新也开风气之先。其代表作有《感遇》诗三十八首、《登泽州城北楼宴》《登幽州台歌》《观荆玉篇》《喜马参军相遇醉歌》《度荆门望楚》《晚次乐乡县》《送魏大从军》等。

历史功绩

唐诗是中国诗歌的高峰，光耀百世，但其发轫离不开陈子昂的诗文革新和创作实践。陈子昂开创了唐代诗文从封闭走向开放的先河，在唐代文学史上具有重要地位，对盛唐诗人张九龄、李白、杜甫等人产生了深远影响。

在川遗存

遂宁市射洪市有陈子昂古读书台、陈子昂墓等遗迹。

当代价值

陈子昂的诗文理论是宝贵的文化遗产，其革新求变的精神在当下同样有启示意义，值得含弘光大。陈子昂为官清正，敢于直谏，也为后世景仰。

前不见古人，

后不见来者；

念天地之悠悠，

独怆然而涕下。

　　——陈子昂《登幽州台歌》

　　1300多年前，陈子昂以一首《登幽州台歌》名垂青史。从此，幽州台与陈子昂紧紧联系在一起。可是有谁知道，在这首诗背后，陈子昂的峥嵘诗骨、慷慨人生？

伯玉毁琴

公元 679 年 6 月，这个练得一身好武艺、胸怀经纬之才的年轻人，立志以身许国。他东出三峡，北上长安，进入当时的最高学府国子监学习，并参加了第二年科举考试。

不料，此次科考成绩并不理想，年轻人落第还乡。不过，他毫不气馁，蓄志再发。于是，数年之间，经史百家，罔不赅览，为他后来革新文学奠定了坚实的基础。

时光倥偬而逝，转眼到了唐高宗永淳元年（682 年），学有所成的年轻人，踌躇满志，再度入京。

可是，这一次，他又一次名落孙山。为什么胸藏锦绣，才华横溢，却无人赏识？这真让人百思不得其解。机灵古怪的陈子昂日夜琢磨，终于明白了其中的端倪。

这天，百般寂寥的年轻人在长安的大街上闲游。忽然，他看见一位老者在街边吆喝："上好的胡琴，求知音者，快来买呀！"围观者窃窃私语，老者已在这里卖琴数日，索价百万，诸多豪贵围观，莫敢问津。

年轻人挤进人群，端的是一把好琴！斯琴如斯人，藏在匣中无人知。年轻人醍醐灌顶，顿生怜悯。他灵机一动，走上前去。

一把琴两千缗，这绝对是天价。可是，年轻人却毫不犹豫地掏出腰包，将琴买下。围观的人见这位书生花这么多钱买了一把琴，都开始好奇。年轻人看看众人说："在下略通琴技，明天我要在寓所宣德里为大家演奏，敬请各位莅临。"

这件事很快就传开了，第二天一早，人们纷纷赶来宣德里，想一听究竟。

买琴的年轻人终于抱着昨天的琴出场了。他对观者抱拳一揖道："感谢各位捧场！"话音未落，将琴高高举起，重重地摔在地上。果然是一把好琴，琴身瞬间四分五裂，幽鸣之音绕梁不绝，众人惊得目瞪口呆。

年轻人随即朗声大笑："我乃四川射洪陈子昂。想我自幼刻苦读书，经史子集烂熟在心，诗词歌赋，长文短句，件件做得用心。可是，我奔走于京师，风尘仆仆，却始终未遇伯乐，至今无人知晓，就像碌碌尘土一样。这把胡琴，不过是喝酒助兴的东西，竟然价值百万！难道我陈子昂的传世之作比这博人一乐的物品还不如吗？今日，有幸邀请众位读一读我的诗文，这才是我买琴的真正理由！"年轻人越说越激愤，从箱子里取出大叠诗词文稿，分发给在场的每一个人。其中有一首诗这样写道：

> 遥遥去巫峡，望望下章台。
>
> 巴国山川尽，荆门烟雾开。
>
> 城分苍野外，树断白云隈。
>
> 今日狂歌客，谁知入楚来。

果然！这一首首诗气势豪迈，风骨峥嵘，寓意深远；这一篇篇文章字字珠玑，精美绝伦，令人耳目一新。在场的人们读罢诗文，兴奋不已，他们翻开书稿，看到上面赫然写着一个名字——陈子昂！

陈子昂的名字和他的锦绣诗文，风一样在京城传开了。

不久，陈子昂的诗名便传到朝廷，这位才华出众的诗人终于崭露头角。

显庆四年

时间的指针回拨到公元 661 年。

四川，射洪。

笑破了脸的男主人比谁都高兴，家里终于盼来新丁，这是多少年潜心祈祷的神祇福报！夫妻俩望眼欲穿，终于等来了这个一出生便哭破天地的娃娃。

弄璋之喜，室家君王——盈门的宾客纷纷恭贺。

这个泡在蜜罐里的丑娃娃，就是后来振臂一呼、天地响应的陈子昂。他的父亲，便是富甲一方的侠义之士陈元敬。

宋本《方舆胜览》记载，陈元敬性格直爽，瑰玮倜傥，博览群书，弱冠之时便有豪侠之举。

陈子昂，字伯玉。轻财好施，慷慨任侠。曾中开耀进士。曾上书论政，为武则天所赞赏，拜麟台正字，转右拾遗，故后世人称"陈拾遗"。陈子昂同其父亲一样，性耿直，重情义，为官仗义执言，屡屡上书诤谏，敢于陈述时弊。

陈元敬的慷慨、豪爽、博学，对陈子昂影响极大。《陈氏别传》说，陈子昂"好施轻财而不求报"，这一点，像极了陈元敬。

然而，出身豪门的陈子昂，却"始以豪子驰侠使气，至年十七八未知书"。十七八岁的"古惑仔"，在一次聚众斗殴中击剑伤人，在厌烦了招猫逗狗、斗鸡赌博后，突然在某一天顿悟，开始弃武从文，"从博徒入乡学，慨然立志，因谢绝门客，专精坟典。数年之间，经史百家，罔不赅览"。陈子昂果然聪明过人，没几年时间，便学涉百家，博览群书，奇杰过人，姿状岳立，尤其擅长文章，"雅有相如、子云之风骨"。

梓州射洪，自此以陈子昂闻名遐迩，以陈子昂彪炳千秋。

登泽州城

公元 683 年，李治第十四次修改年号。去年十二月，他刚刚将永淳改为弘道，可是，这些还是没能逃过死亡的魔咒。弘道元年，李治病逝，他在遗诏中为武则天掌握国家政权留下了足够的线索："军国大事有不能决断者，请天后处理决断。"

于是，从此时开始，陈子昂的政治生命便与武则天息息相关。

陈子昂不愿做一个只会摆弄文字的文人，而是要求自己在政治上有所建树。

大唐建国以来，开始推行诗赋取士的制度。唐太宗励精图治，广开言路，打破了魏晋以来豪右世族垄断政治的局面。政治上的强盛巩固、经济上的高速繁荣、科学技术上的快速进步，带来了整个社会的昂扬风气，这驱使着壮志凌云的陈子昂在文学上不断思考，在政治上不断成熟，在事业中不断建功立业。

李治病逝于洛阳，陈子昂上书在洛阳建高宗陵墓。他认为将高宗灵柩运回长安，不仅会加重关陇频遭荒灾人民的负担，而且护灵的数万大军也疲于奔波。此时武则天大权在握，四处网罗人才，看到陈子昂的上书后大加称赞，特地召见了他，就国家大事"有所咨询"，拜陈子昂为麟台正字，负责管理文献，校雠典籍，订正讹误。武则天欲发兵讨伐西羌，陈子昂又上书谏止，武则天对他愈发欣赏，擢升其为右拾遗。

陈子昂虽然年轻，但是有卓识，有胆略。他的谏疏不外乎4种：关注民瘼，改革吏治；揭露酷吏，反对淫刑；重视边防，反对黩武；任用贤能，用人不疑。

陈子昂喜欢研究历朝历代的兴废与盛衰的原因，为武则天执政出谋划策。他经常上书武则天，对当时的政治提出建议。然而，在武则天看来，他不过是舞文弄墨的一介书生，幼稚、简单。他的意见常常冲撞朝廷，武则天对其建议置之不理，一笑了之。可是，不知好歹的陈子昂，竟然大胆地说出武则天是"外有信贤之名，内实有疑贤人心"，这一下更得罪了刚愎自用的武则天。同时由于他上书直言不讳，也得罪了一些权臣，遭到他们的嫉恨。

陈子昂的苦日子来了，人生开始走下坡路。他想努力改革政治弊端，可是自己人微言轻，没有人听他的。酷吏贪官横行无忌，武姓一族权倾朝野，他越来越感到心灰意懒。

弃武投文的陈子昂，怀着许身报国的宏愿，终日郁郁寡欢。此时他想到了什么？史料无从追溯。他的落魄飘荡在他的诗文里，化为千古哀鸣。陈子昂两度报名参加大唐军队对北方游牧部族的战争。金戈铁马，浴血沙场，陈子昂似乎找到了生命的意义，与此同时，他也深深懂得了战争的残酷。可是，年轻的他，也许还不知道，政治的残酷将远远超过战争。

这是陈子昂短暂生命里的两次重要战争，也是唐朝和契丹的两次重要战争。第一次，发生于西北，从垂拱二年（686年）持续至垂拱三年（687年），陈子昂随左补阙乔知之军队到达西北居延海、张掖河一带。

第二次是 10 年之后，即万岁通天元年（696 年），契丹李尽忠、孙万荣反叛朝廷，攻陷营州。武则天委派建安王武攸宜率军征讨契丹，陈子昂又随武攸宜出征。武攸宜是武则天的侄子，出身权贵，全然不晓军事，兼之轻率而无将略，致使前军陷没。一时间，军心涣散。

此时，身在燕国故地的陈子昂连夜上书，进谏武攸宜，建议武攸宜亲自出征沙场，为国立功。但是，武攸宜这样的纨绔子弟，怎么可能舍生忘死、冲锋陷阵？果然，武攸宜断然以陈子昂"素是书生，谢而不纳"。顷刻间，陈子昂的满腔热血降到了冰点。他怎么也没想到武攸宜会因为他是个文人、诗人而轻视他，使他尽忠报国的壮志在轻描淡写间就被否定了。可以想象，他当时的心情一定是既难堪又失望。过了几天，陈子昂不死心，再次进谏，这一次彻底激怒了武攸宜。他不但不采纳陈子昂的建议，反而将陈子昂的官职由参谋贬为军曹，也就是管管文牍而已。

毫无悬念，这次战役以失败告终。战役结束后，军队返回洛阳，途经泽州（今山西省晋城市）。这是赫赫有名的长平之战的战场。战国初期，正是因为有了长平之战，秦国加快了兼并六国的战争步伐。

而今，重过古沙场，陈子昂睹物思人，悲愤交集，不能自抑，奋笔写下五言怀古《登泽州城北楼宴》：

> 平生倦游者，观化久无穷。
>
> 复来登此国，临望与君同。
>
> 坐见秦兵垒，遥闻赵将雄。
>
> 武安军何在，长平事已空。
>
> 且歌玄云曲，衔酒舞熏风。
>
> 勿使青衿子，嗟尔白头翁。

陈子昂在诗中提到的《玄云》是汉代仪式乐歌，庆贺皇帝选择贤明的辅佐之臣；《熏风》相传为圣君舜所作，"南风之熏兮，可以解吾民之愠兮。南风之时兮，可以阜吾民之财兮"。此时的陈子昂，仍对朝廷满怀希望：皇帝（武则天）任用贤才，将这个国家带入辉煌的新时代。

一腔热血空抛掷，谁者应是同悲人？

两次征战，陈子昂深刻认识了战争，认识了朝廷，认识了边塞形势和人民生活。为国图安，为民请命，这让他的创作细辨泾渭，独立风骨，迥然不同于当时盛行一时、纸醉金迷的齐梁文风。

天地悠悠

此时，陈子昂感到深深地绝望了。他怀才不遇，报国无门，空余满眼黑暗、满腔激愤。

这一年，这一天，这一刻。

残阳如血，寒风凛冽，怀抱着刻骨忧思的陈子昂登上了幽州台（今北京蓟北楼），一边思念以往的明君圣主，一边回想自己的不幸遭遇，深感前途一片黯淡。

也是万岁通天元年（696 年），也是从营州回洛阳的路上，陈子昂写下了《登幽州台歌》。历史无从想象，可是，陈子昂那亘古的沧桑、郁郁的悲愤，却穿越时空，像一道震古烁今的闪电，劈开我们久已封闭的心扉。

站在幽州台上，陈子昂极目远眺，历史和现实渐渐在他眼前和心里纵横交错，对历史、对人生、对世界的旷绝尘嚣的悲哀和绝望，渐渐弥漫在胸中，遂成千古绝唱：

前不见古人，

后不见来者；

念天地之悠悠，

独怆然而涕下。

《登幽州台歌》，是陈子昂理想破灭的悲歌。与《登幽州台歌》几乎同时创作的《蓟丘览古赠卢居士藏用》，或可为此资做参证。《蓟丘览古赠卢居士藏用》共有 7 首诗，陈子昂凭吊碣石馆、轩辕台、黄金台，缅怀了燕昭王、乐毅、燕太子丹、田光、邹衍、郭隗，毫不掩饰地表达对盛世的向往、对明君古贤的追慕，以及自己生不逢时、壮志未酬的无限感慨。但是，像燕昭王那样前代的贤君既不复可见，后来的贤明之主也来不及见到，人生何以如此生不逢时？

山河依旧，古今迥然。陈子昂登台远眺，更见星高云阔，宇宙茫茫，不禁感到孤单寂寞，悲从中来，怆然泪流。

天地悠悠，何其慷慨悲凉？怆然涕下，又何其寂寞苦闷！这尘世如此凌虐人心，陈子昂看不见"古人"，也看不见"来者"。他所能看见的，只有眼前这个狭窄的幽州台，这个逼仄的大时代。

一首《登幽州台歌》，音情顿挫，力透纸背，一扫六朝弊习，犹如醍醐灌顶。

陈子昂擅长诗文。他于诗，强调兴寄，风骨峥嵘，寓意深远，苍劲有力。唐代初期，诗歌创作沿袭六朝余习，风格绮靡纤弱，陈子昂挺身而出，反对柔靡之风，力挽齐梁颓波。陈子昂存诗共 100 多首，其中五言古诗最多，60 余首，五律约 30 首。其所作《感遇》三十八首、《登泽州城北楼宴》、《蓟丘览古赠卢居士藏用》七首、《登幽州台歌》等，指斥时弊，抒写情怀，有金石铮铮之声，风格高昂清峻，是唐代诗歌革新的先驱，对唐诗发展颇有影响。

陈子昂的古诗对后世影响极大。《酬晖上人秋夜山亭有赠》中"皎皎白林秋，微微翠山静""风泉夜声杂，月露宵光冷"的秋夜禅坐，《酬晖上人夏日林泉》中"岩泉万丈流，树石千年古""林卧对轩窗，山阴满庭户"的夏日唱和，直接启发了后来的王维、孟浩然。《送别出塞》中"平生闻高义，书剑百夫雄。言登青云去，非此白头翁"之句一扫当时流行的艳丽纤弱，他的素朴雄健直接影响了盛唐的高适、岑参，开启了慷慨悲壮的边塞诗歌。陈子昂独起一格，为李白、杜甫开风气之先。

陈子昂于文，坚持朴实畅达，标举汉魏风骨，反对浮艳，重视散体。陈子昂的各种体裁文章今存120多篇，赋颂之文不过数篇，暂且存而不论。其中，表计40篇左右，正如清朝文学家陈沆所言，这些都不外乎是"顺例"和"应制"之作，不足以代表陈子昂之文的特点和优点。如《为乔补阙论突厥表》却又是极好的文章。他的上书、奏议这类文章有20余篇，序约为14篇，碑铭墓志将近20篇，祭文有几篇。这些才应算是陈子昂文章的本体书，奏议等文又是最重要的。

骈体文的过度膨胀，是六朝文章的一大弊端，到齐梁时期，骈体文已经发展至高峰。士人崇尚华丽辞藻，不仅抒情写景骈体偶化，官方的文牒、奏议，以及信札、论说等各种实用文亦完全用骈文写作，文意晦涩、苍白贫乏，重形式轻内容等骈体文已经成为自由抒发思想的桎梏。在陈子昂看来，做文章道理败坏已经有500年。这500年，大约言之，指的是从西晋初年至陈子昂生活的武则天时代。这500年，诗文凋敝，文风沦丧，他希望重振汉魏风骨，就此提出了"骨气端翔，音情顿挫，光英朗练，有金石声"的诗歌标准。

陈子昂之文，论文体，已变偶俪之习，纯真自然。论内容，则都是有物有则、利国利民之言，超越八代，直追先秦、西汉。但是，陈子昂文章，又不是一切复古之论，而是针对当时混沌之世的客观现实，匡谬治弊，篇篇皆有为而发。论文格，则逻辑极严密，条理极清晰，不为支离、模棱之辞，浮泛不经之语，侃切周至，古朴安雅。此所以陈子昂的文章实为处文风正在渐变之时，而以其实绩开风气之先，卓然有无可动摇的历史地位。《补阙李君前集序》中写道："唐有天下几二百载，而文章三变，初则广汉陈子昂以风雅革浮侈。"

在《与东方左史虬修竹篇序》一文中，他慨叹汉魏风骨，晋宋莫传；批评齐梁间诗，采丽竞繁，而兴寄都绝。他称美东方虬的《咏孤桐篇》骨气端翔，音情顿挫，光英朗练，有金石声；不图正始之音，复睹于兹，可使建安作者，相视而笑。这些言论，表明他要求诗歌继承《诗经》风、雅的优良传统，有比兴寄托，有政治社会内容；同时要恢复建安、黄初时期的风骨，即思想感情表现明朗，语言顿挫有力，形成一种爽朗刚健的风格，一扫六朝以来的绮靡诗风。陈子昂文章对于有唐一代以及后世的政治都有很大影响，于文学史上高标一席，所谓"杜甫陈子昂，才名括天地"（白居易语）、"国朝盛文章，子昂始高蹈"（韩愈语），亦在于此。元代方回在《瀛奎律髓》中感慨陈子昂对唐朝文学的卓越影响："陈拾遗子昂，唐之诗祖也。"

陈子昂的诗文，直斥时弊，抒写情怀，高昂清峻。有唐迄今逾1300年，后世言必陈子昂者，为其振臂高呼应声云集者，代不乏人。与陈子昂同一时期的"初唐四杰"王勃、杨炯、卢照邻、骆宾王，陈子昂之后的张说、张九龄、王维、陆贽、苏颋、李华、元结、独孤元、元祐、梁肃，以及更晚些的韩愈、柳宗元、刘禹锡、白居易、元稹、李白、杜甫、杜牧、李商隐、皮日休、陆龟蒙……他们的思想一脉相承，薪火相传。

正是因为他们的一脉相承，薪火相传，才有了中国在经历近 3 个世纪的分裂之后走向统一的大时代，有了这个时期文化的空前繁荣鼎盛。

狱中卜命

从战场上回来的陈子昂，看破红尘，立志归隐。圣历元年（698 年），陈子昂以父亲陈元敬年老多病为由，上表请求辞官回乡，侍奉老父，以尽孝道。武则天同意他的请求，他回到了家乡射洪。不久，陈元敬病逝，陈子昂本以为可以就此遁世。但是，居丧期间，权臣武三思等人却不放过他。他们指使射洪县令段简罗织罪名，诬陷陈子昂，将他关进大牢。卢藏用在《陈子昂别传》中记载："属本县令段简贪暴残忍，闻其家有财，乃附会文法，将欲害之。子昂慌惧，使家人纳钱二十万，而简意未塞，数舆曳就吏。"

陈子昂素来身子羸弱，怎经得起这样的牢狱之灾？他惊恐交集，不堪折辱，五内俱焚，心灰意懒。他病得越来越严重，以至于倚杖不能起，哀怨不能绝。此时，朝廷苛政连连，民间哀号遍野，陈子昂自忖以一己气力不可能苟全于乱世，遂命蓍自筮。顷刻，卦成，陈子昂仰天哭号："天命不佑，吾殆死矣！"

陈子昂忧愤交加，终致抑郁辞世。

才 倾 大 唐 的 女 诗 人

薛涛

杜阳林

人物简介

薛涛（公元 768 年—832 年），字洪度，生于京兆长安（今陕西省西安市），长于成都，终老于成都，为中唐诗人群体中的翘楚，中唐女诗人魁首。她自幼随父来到成都，八九岁知声律，能赋诗，15 岁诗名已闻于外。父早逝，母孀，生活困顿无依，曾先后历事十一任西川节度使，受到著名节度使韦皋、武元衡等人器重。辨慧工诗，多才多艺，与元稹、白居易、杜牧、刘禹锡等人竞相酬唱，诗名大振。后隐居浣花溪，于城内碧鸡坊修建吟诗楼栖居至逝世。

在成都四川大学望江校区附近，激滟锦江之畔，修竹茂林之中，矗立着一座典雅宏丽的望江楼。望江楼又名崇丽阁，流水不舍昼夜，从楼前潺湲而过，鎏金阁顶倒映江面，映照如画美景。这座楼，就是为纪念唐代女诗人薛涛而修建的。在望江公园，有这样一副流传甚广的对联："古井冷斜阳，问几树枇杷，何处是校书门巷？大江横曲槛，占一楼烟月，要平分工部草堂。"薛涛能与"诗圣"杜甫平分秋色，可见其才情不俗，文名远扬，无愧为大唐诗坛的一颗明珠。

后人将薛涛与鱼玄机、李冶、刘采春并称为唐代四大女诗人。薛涛的一生，大开大合，大彻大悟，过得虽跌宕起伏，任情纵性，却最终忠于自我，辗转腾挪，不负此心。

主要贡献

薛涛是写诗最多、现存诗最多的唐代女诗人。她自编诗集《锦江集》（已佚）5卷，选入自作诗500首，今存世93首。其诗中最有特色的是爱竹敬竹诗，托物寄志，以竹的"苍苍劲节奇""虚心能自持"歌颂高尚的气节，上承"竹林七贤"，下启宋以后中华审美中的竹文化。其书法自成一体，发明特殊用纸"薛涛笺"。

历史功绩

薛涛是唐代杰出女诗人和大才女，在唐诗发展史、历代妇女著作史、中国书法发展史、特殊造纸史上都占有一席，对后世产生深远影响。

在川遗存

成都市望江楼公园有薛涛井等历史遗迹，以及清代以来纪念薛涛的崇丽阁、吟诗楼、濯锦楼等历史遗存。

当代价值

以薛涛为代表的蜀中才女文化、诗歌文化、诗笺文化，千年来薪火相传至今。每年三月三上巳节，开展的望江楼竹文化活动、古蜀弦歌文化活动等，推动了薛涛文化传承发展，在传承弘扬中华优秀传统文化方面发挥了积极作用。

独立自主　早慧少女求生计

薛涛的人生，原本有一个阳光明媚的开局。那时，她是父亲薛郧的掌上明珠。薛郧在京城长安为官，学识渊博，正直刚毅，对唯一的爱女，视之若珍宝一般，从小就教她读书、写诗。父亲对于女儿的鼓励，影响了薛涛的诗风，与许多"闺阁女诗人"不同，她很早便注目于广阔天地，颇有男儿的眼界和风范。

薛涛8岁时，父女俩在庭院的梧桐树下歇凉，薛郧忽有所悟，吟诵道："庭除一古桐，耸干入云中。"捻须卡顿，不知下句。薛涛很快续道："枝迎南北鸟，叶送往来风。"薛涛的过人天分令父亲惊喜，但他也隐隐有一种不祥之感，一个官宦人家的女儿，随口吟出"南北鸟"和"往来风"，迎来送往，似欢场做派。这首《井梧吟》，穿越千年光阴，流传至今。薛郧当时哪里知道，他爱得如珠似宝的女儿，竟因自己这无心的吟续，而一语成谶。

薛郧因为正直谏言，得罪了当朝权贵，受到打压被贬谪到了蜀地。一家人只能告别繁华京城，去往巴山楚水凄凉地。几年后，薛郧因出使南诏，感染瘴疠而命丧黄泉。那时，薛涛年仅14岁，母女俩的生活顿时陷入窘迫困境。

大唐虽风气开明，但女子要在社会上谋一份职业，赚取钱财养家糊口却是十分不易的。薛涛无奈之际，在16岁时自愿加入乐籍，成为一名营妓。

唐朝的营妓，由国家财政供养，属于正式编制，有稳定的收入报酬。其主要的工作内容，就是在官员们饮酒聚会时，侍酒赋诗、弹唱娱客。

薛涛无疑是早慧的，她没有在自己最为娇俏青葱的年龄，将一生随便托付给一个男人。在家庭遭遇极大变故时，薛涛清醒地意识到，自己才应该是命运的主宰者，她的人生，必须自己做主。

才情出众　韦皋幕府破旧例

大唐的风尘女子，大多周旋于诗人、儒生和官员之间。官员往往是科举出身，颇有才华，能令他们青眼有加的女子，不仅需要青春美貌，更需要才艺、辞令和见识，而这些均是薛涛的长项。史书中说她"诗酒之外，尤见才辩"，在酒席场上游刃有余。她长袖善舞，出口成章，很快成为交际场上的红人。

薛涛最擅长的，还是作诗。据记载，薛涛作诗 500 多首，然而这些诗歌大多散失，流传至今仅存 93 首。

薛涛的字也堪称大家。北宋时期的《宣和书谱》评价她："作字无女子气，笔力峻激，其行书妙处，颇得王羲之法，少加以学，亦卫夫人之流也。"意思是说，只要她稍加努力，就能与晋代书法家、王羲之的启蒙老师卫夫人相匹敌了，足见其书法造诣之妙。

薛涛的过人才艺，既是她作为营妓的"业务需要"，更是她个人的兴趣所在。她自幼喜爱艺术，沦落风尘，艺术是她的依傍和滋养，她从中获取的快乐，不亚于文人骚客。薛涛虽以色事人，从不自轻自贱，哪怕在枯燥乏味的宴席间，因为她的存在，也添了一抹书香墨韵，顿增高雅情趣。

在薛涛 17 岁时，中书令韦皋出任剑南西川节度使。他早就听闻薛涛才情过人，在一次酒宴中相遇，便即兴邀其赋诗一首，以添席间乐趣。薛涛领命，只见她神色从容，纤手香凝，当场挥笔写下了一首《谒巫山庙》：

> 乱猿啼处访高唐，路入烟霞草木香。
>
> 山色未能忘宋玉，水声犹是哭襄王。
>
> 朝朝夜夜阳台下，为雨为云楚国亡。
>
> 惆怅庙前多少柳，春来空斗画眉长。

薛涛的诗，大气而深邃，读来毫无女子脂粉之气，令韦皋拍案叫绝。从此，帅府中每有盛宴，薛涛都是侍宴的不二人选。才女薛涛，很快成为韦皋身边的红人。

韦皋喜薛涛才情，请她参与自己的案牍工作。薛涛处理起公文来，不仅富有文采，而且有着女子天然的细致认真，很少出错。某天，韦皋突发奇想，向朝廷打报告，想请皇帝授薛涛以秘书省校书郎官衔。"校书郎"的主要工作便是公文撰写和典校藏书，虽品级不算高，但"门槛"着实不低。按照规定，只有进士出身的人，才有资格担当此职，大诗人白居易、王昌龄、李商隐、杜牧等都曾是校书郎，历史上还从未有一个女子担任过此职。

韦皋的创新之举遭到了幕僚们的一致反对。循于习规旧例，韦皋的异思奇想自然未能实现，不过名声自此传来，人们已带着三分惊羡三分敬慕，称薛涛为"女校书"了。

那几年，薛涛在幕府的生活，可谓花团锦簇、明星耀眼。绫罗绸缎，富贵荣华，抱拥着少女薛涛。她流露出娇憨天真的沉醉、不谙世事的懵懂、无忧无虑的欢喜，但同时，也在烈火烹油的日子里，多了一分轻狂、少了一分清醒。

韦皋的职位是肥差，来找后门走关系的人络绎不绝。韦大人的尊容难以拜见，但他身边红人薛涛总可以一见吧。那时薛涛不到20岁，难免恃宠而骄，别人送来重礼，她便大方收下。只是薛涛并不爱钱，一文不留全部上交。

薛涛并未中饱私囊，但她这般大张旗鼓地收纳贿赂，外人都道是韦皋指使红粉公开纳财。动静闹得太大了，韦皋痛感失了颜面，一怒之下，便将薛涛发配到松州，以示惩罚。

遭遇挫折　历经沧桑出困境

松州，即今日四川省松潘县，唐太宗时代曾经在此设置都督府，但安史之乱以后，松州为吐蕃所据。韦皋任西川节度使的整个时期，松州始终未能成功收回，此地可谓兵荒马乱。贞元十六年（800 年）的腊月，薛涛踏上了去往松州军营的路。

松州地处西南边陲，离开成都而行，人迹罕至，道路荒凉，薛涛和母亲又惊又惧，一路哭哭啼啼，受尽磨难。

边塞穷僻，曲终人散，隆冬时节，滴水成冰。品格孤傲的薛涛，在沉重打击之下终于明白，在男权社会里，她不过是锦上那朵香花；有她，会更为娇艳靓丽，无她，世界一切如常。面对挫败，理智比情绪重要，生存比骄傲重要。

若无人搭救，薛家老小在松州的恶劣环境中极有可能抛尸荒野，而唯一能救她的，便是将她驱逐至此，令她又爱又恨、又惧又怕的韦皋。

薛涛写下《十离诗》，是怎样的委曲求全，怎样的放下身段，一个略带天真和娇憨的薛涛死了，取而代之的，是一个在世故之中玲珑伏低的女子。这女子依旧诗情飞扬，但却不再有往日的倔强傲然，遭贬后的薛涛，诗风大变。

驯扰朱门四五年，毛香足净主人怜。无端咬着亲情客，不得红丝毯上眠。薛涛分别以"犬离主""笔离手""马离厩""鹦鹉离笼""燕离巢""珠离掌""鱼离池""鹰离臂""竹离亭""镜离台"这 10 种惨状来概括自己的处境。

昔日骄傲的才女，不惜把自己比作是犬、笔、马、鹦鹉、燕、珠、鱼、鹰、竹、镜；而那韦皋则是自己所依靠着的主、手、厩、笼、巢、掌、池、臂、亭、台。

《十离诗》寄送到韦皋手中，令他又感动又心疼又愧疚，而且，也满足了他作为"救世主"的虚荣心。他立即令人将薛涛接到身边，继续往日的荣华富贵。

松州让薛涛吃苦受罪，从个体命运而言是不幸，从诗人的历练成长讲却又是天赐良机。薛涛回到成都不久，便脱离乐籍，成为自由身。现实给予她的痛楚，令她明白自己的卑微与弱小，要继续生存，须斩断狂妄、任性、无知，在生活的烈焰中学会日益成熟。

永贞元年（805 年），韦皋暴卒。

大气捭阖　笑对高官终超然

　　韦皋死后，刘辟任西川节度使。他起兵谋反，并想借薛涛的名媛效应来笼络人心，可不管是威胁还是利诱，都遭到了薛涛的断然拒绝。刘辟大怒，将她发配边地。这次赴边，薛涛全然没有第一次赴松州的茫然与惊慌。她从容而行，没有半点求免之意。高崇文平叛了刘辟后，派人专程把薛涛迎回，以礼待之。

　　从高崇文开始，西川节度使走马灯似的更换，不管哪一任节度使，都被薛涛的绝色与才华吸引，奉她为座上宾。而薛涛面对这些高官，从来都保持着一种平淡超然的姿态。

　　李德裕镇守西川时，命人建了一座筹边楼，楼成之时，他在上面大宴宾客。薛涛应邀前来，即席赋诗，写下了著名的七言绝句《筹边楼》："平临云鸟八窗秋，壮压西川四十州。诸将莫贪羌族马，最高层处见边头。"这首诗诗意豪迈，风格雄浑，意境深远，李德裕等人看罢，无不拍手称赞。

　　筹边楼位于成都到松州的路上，今理县境内，是羌族聚居区，当时大唐与吐蕃边境战事频仍，身为剑南西川节度使的李德裕为加强战备、激励士气、筹措边事，特意修建了筹边楼。薛涛对这一带的风土人情、边塞环境、兵家常识了然于胸，同时对边将统领的少数民族地区政策有所讽谏，才会写下"诸将莫贪羌族马，最高层处见边头"这样有远见、有卓识、有反省、有用兵之气魄的诗句来，告诫将士莫忘历史教训，凡事当以国事为重。

想来这正是由于薛涛多年在幕府进出，且得以与地方官员议事，又曾被罚至松州偏远之地的原因，使得她身上具有一般身居闺阁的女子所缺乏的壮志和霸气。

蜀中人尽知薛涛芳名，慕名来与薛涛诗词酬唱的才子越来越多。她与许多著名诗人都有来往，其中少不了白居易、张籍、王建、刘禹锡、杜牧、张祜这样的诗坛领袖。而他们交往的主要形式，正是吟诗作对、和诗唱答。这些重量级人物不惜笔墨，竞相为薛涛歌以咏之、诗以颂之。

社会名流、贤达显贵的慕名拜访，令薛涛不愁衣食，甚至也不缺热闹，但她心中，却始终欠缺着一种要命的东西——爱情。

不过，命运之神很快就会让她遇到一生一世的爱情了。

情思苦涩　素心如洗断舍离

元和四年（809 年）三月，当时正如日中天的诗人元稹，以监察御史的身份奉命出使地方。他久闻薛涛芳名，所以到蜀地后，特地约她在梓州相见。薛涛与元稹一见面，就被这位年仅 30 岁的年轻诗人俊朗的外貌和出色的才情所吸引，内心里激起了如同少女般萌动的涟漪。

第一次见面，薛涛送了元稹文房四宝，作诗一首："磨润色先生之腹，濡藏锋都尉之头。引书媒而黯黯，入文亩以休休。"元稹当即被这位才华横溢的"神仙姐姐"折服，情愫悠悠而起。

两人犹如神仙眷侣，徜徉于蜀地山水之间。他们互写情诗，互诉衷肠。

可惜，有一件事，从一开始薛涛就错了。她是用一颗女子最纯真最热烈的心来爱着元稹。元稹呢，他太多才也太多情了，注定在他身边来来回回经过的女子，都只会成为他的一处驿站。

逍遥日子只有 3 个月，幸福时光竟如此短暂，元稹便要调离蜀地，赶往洛阳。那时，薛涛对元稹信心满满，认为他终会来迎娶自己，他们是才情相当的鸳鸯，是心心相印的知己。

薛涛开始一心一意思念元稹、等待元稹，她最大的欣喜，便是收到元稹从远方寄来的书信。寸寸相思点点墨，她同样将深情寄予笔端，向远方的情郎诉说思念。

薛涛尤其喜欢写四言绝句，律诗也常常只写八句。但当时信笺纸幅过大，用来写情诗稍显粗笨，薛涛便想着如何来进行改革。

浣花溪本地有造纸的传统，因其水质极好而成为蜀地造纸业的中心。薛涛当时恰好居于浣花溪畔，因自己性喜红色，便大胆改进配方，将纸染成桃红色，又裁成精巧窄笺，特别适合书写情书，人称"薛涛笺"，以其美丽、典雅、经济、适用，迅速风行天下。薛涛也想不到，自己的小小举动，竟让造纸行业得到了重大推动，并刺激了蜀地经济的繁荣，更在此后的千余年间，"薛涛笺"流传不衰，成为中华的文化瑰宝。

她更没想到，才子容易多情也容易变心，元稹滚烫炽烈的情书，在鸿雁互通一段时间后，忽然戛然而止。

元稹先是被召入京，接着被贬洛阳，其间丧妻丧妾。元和九年（814年）春，薛涛由成都赴江陵会晤元稹。经过了在诗歌中的"以夫妇自况"，此次到江陵，重拾旧情，薛涛内心充满期待。

薛涛归去时，又是带着元稹的承诺离开的。可元稹经历江陵、通州的贬谪后，终究娶了世族之女裴淑。

薛涛用自己漫长的等待，读懂了爱情苦涩的况味，也令自己对爱的认识，升华到了另一个高度。

公元823年，元稹奉诏为越州刺史、浙东观察使。元稹心弦不知怎么再度拨动，开始计划着入蜀，去看望薛涛或者娶她。但是，没想却被半路跳出的一个叫刘采春的女人给绊住了。刘采春是浙东名妓，不但貌美，而且年轻。不言而喻，他再一次负了远在蜀地的人。

薛涛竟坦然接受了这样的结果。此后余生，她甚至对元稹没有一句怨言。

薛涛从此脱下了极其喜爱的红裙，换上了一袭黯淡的灰色道袍。她离开了熙熙攘攘的浣花溪，移居到成都郊外，用"薛涛笺"赚来的钱，在碧鸡坊筑起一座吟诗楼，在那里安静度日。

公元831年，52岁的元稹在武昌任节度使时猝然离世。他的好友白居易写下《祭微之文》，哭得惊天动地，薛涛却缄默不语。

元稹去世的第二年，终身未嫁的薛涛永远闭上了双眼。曾任宰相的段文昌为薛涛亲手题写了墓志铭，墓碑上写着"西川女校书薛涛洪度之墓"。

才倾大唐　薛涛何以名千古

录有薛涛89首诗歌的《全唐诗》，在她的诗前有一个小传："薛涛，字洪度。本长安良家女。随父宦，流落蜀中，遂入乐籍。辨慧工诗，有林下风致。韦皋镇蜀，召令侍酒赋诗，称为女校书。出入幕府，历事十一镇，皆以诗受知。暮年屏居浣花溪，著女冠服。好制松花小笺，时号薛涛笺。有《洪度集》一卷。"

北宋之前世上还有她的蜀刻本《锦江集》共 5 卷，载诗 500 多首。其后这些诗多已佚失湮没。

薛涛为何能才倾大唐，顶戴才女桂冠，千年声名不朽，直到如今，仍受到人们真诚的追思和怀想？

薛涛通音律，善书法，巧才辩，具多项才能于一身，各个领域皆有聪慧领悟、不俗造诣。在艺术的多方滋养下，她将不算顺遂的一生，过出了悠长滋味。

薛涛以真情灌注笔尖，所写诗句，或艺术构思新颖纤巧，或于平凡之物中悟得深意，或慷慨激越如金石之声，或短幅中有无限蕴藉，世人称薛涛诗"无雌声"，对于情感的疏朗和开阔，造就了她艺术视野的天高水长。

薛涛在少女时代自愿入乐籍，中年时发明"薛涛笺"，晚年修道；她所行每一步，都随心而动，并且具有经济独立、能力自给的鲜明特征。经济的独立，才能带来精神的真正独立。此理千年亦同。

这一生，薛涛虽命运坎坷，但她也曾无拘无束地爱过，尝过人间冷暖世情如霜，也尝过名利喧嚣繁华万丈。她能自由自在，走遍名山大川，见识天下名士和风情，进出幕府、知晓时事、诗名流传，同时也能够自由平等地去选择自己喜爱的人，相较那些由父母媒妁定下终身的女子更为忠实于自己。

薛涛的一生运途辗转，曲折起伏，站在客观角度讲来，她并未受到命运的格外优待或者苛责，悲和欢都是平常况味，她将寻常日子过成了非凡传奇，在于有着一颗超越世俗之心。

身处高官名流之中，薛涛能始终清醒地认识到自己的位置，从无阿谀迎附之态，也无故作清高之举，自然、坦荡、胸襟宽广。

沦陷人生低谷，残酷绝境，薛涛并未就此沉沦，失却自救之念，她审时度势，迅速做好应对策略，并冷静加之执行。哪怕此举伤筋动骨，摧心撕肺，她依旧清醒前行。

对于爱情，薛涛心灵通透，睿智大度，她追求而不强求，热烈而不痴缠，爱情到来时欢喜相迎，消散于风时平静相送，她不因爱而失态失仪，失去为人的自尊风骨。看尽世间恩怨，历经情海沉浮，最终薛涛还能按自己意愿平静生活，灵魂自由，洒脱纯粹，这何尝不是另一种人生的圆满。

透过历史的烟云，再访大唐薛涛，看她细腻婉转的情思，惜她高洁脱俗的灵魂，其诗、其人，与望江楼旁的纤纤翠竹相依相伴，千年流芳，为书香成都增添了一抹道不尽的悠长回味。

藏 族 英 雄 史 诗 流 芳

格萨尔王

阿来

❂ 人物简介 ···

　　格萨尔（约公元 1038 年—1119 年），藏族英雄，出生在今甘孜州德格县，一生除暴安良，南征北战，在金沙江上游和黄河上游地区统一了大小150 多个部落，后世称其为格萨尔王。

　　"春雷般的隆隆雷声滚过，天门随之打开。格萨尔在天上的父亲与母亲，以及十万天神都出现了，他们都来迎接大功告成的神子崔巴噶瓦返回天界。众神现身之时，悦耳的仙乐响彻四方，奇异的香气满布世界。一条洁白的哈达从天上直垂地面，格萨尔缓缓向那条天路走去，珠牡与梅萨陪伴在他的左右……

　　"格萨尔返回了天界，他也再未返回人间，只留下英雄故事至今流传……"

——摘自阿来小说《格萨尔王》

❂ 主要贡献 ···

　　格萨尔王结束了吐蕃政权崩溃后长达数百年的部落纷争局面，在今川、青、藏三省区相连的地区建立了政权。

❀ 历史功绩

格萨尔王结束战乱，让人民安居乐业，使农牧业生产技术有所发展。他倡导相对于原始宗教更为体系化的佛教，形成了以佛教世界观为核心、具有统一特征的藏族文化，是藏族人民引以为豪的旷世英雄。

❀ 在川遗存

甘孜州有格萨尔王出生地——阿须草原遗迹、格萨尔王古都森周达泽宗遗址、格萨尔王妃珠姆官寨遗址及战争遗址等。以其为原型形成的口述史诗《格萨尔王传》，是世界上最长的史诗，现已成为世界非物质文化遗产。以格萨尔王为题材的唐卡、石刻、绘画等艺术遗产，一直流传于民间。

❀ 当代价值

格萨尔王是一个真实的历史人物，在史诗传唱过程中逐渐被神化。他结束部落纷争，发展生产，给人民带来了安定的生活。更具现实意义的是，他同兄长南征北战，最后献出生命。在史诗有关格萨尔王与其兄长的关系描绘中可以证明，汉藏两族关系的源远流长与亲密无间。深入发掘，还可以追溯到汉藏交往，比如茶叶如何入藏等重要的历史事实。

赛马称王　骁勇善战
他是老百姓心中的旷世英雄

格萨尔王，他是一个传奇人物。很多中外研究者得出来一个共同的结论，他是半人半神。相当于汉族文学作品中的什么呢？可能有点像唐僧或者孙悟空，取材于现实生活，但虚构的程度、神话的程度，或者说我们对于他寄予的期望程度已经超过了对一个真实的历史人物的期待。

研究者们认为，格萨尔王出生于公元 1038 年，殁于公元 1119 年，享年 81 岁。距今已经近 1000 年了。那么，他出生在什么地方呢？阿须草原。史诗中，格萨尔王的生身之地，在我们四川省甘孜州。

要讲格萨尔王，不管是什么样的故事版本，第一篇一定是讲他赛马称王。格萨尔王自幼家贫，放牧为生，由于叔父间离，母子泊外，相依为命。他小时候就有雄心壮志，但总有人不希望他好。谁呢？他的亲舅舅。他的亲舅舅是代表母系一方，在古代，母系并不能成为一个地方的王，王必须是父系。但，父系一方没有真正成为王的时候，他舅舅就可以操纵这个家族的命运，所以对少年格萨尔，他的舅舅是百般打压。最终，格萨尔王凭借非凡的武艺、过人的智力，完胜他舅舅，得到王座，带领他的部族战胜各种灾害，比如百年未遇的洪水、暴风雪、干旱……这期间，格萨尔王还取得了门岭大战、霍岭大战和姜岭大战等几个关键战役的胜利，开疆拓土。

格萨尔王的骁勇善战，给老百姓换来安稳的生活。慢慢地，在雪域高原上，老百姓开始用神话的方式来传诵格萨尔王一生戎马，扬善惩恶，传播文化，他成为百姓引以为豪的旷世英雄。2020 年 6 月，四川历史名人文化传承创新工程领导小组评选格萨尔王为"第二批四川历史名人"。

实地寻访　确有其踪
"他在无人的时候抚摸那支铁箭"

我再强调一下，即使是神话，也其实是借这个人物讲述的历史。神话是把一个历史真实人物升华、虚构、夸张、变形。但是，我之前在写小说《格萨尔王》，重述这个神话故事的时候，做了一些还原性的工作，不然无法认识历史的真实面貌。在变形的形象背后，一定有一个真实的形象内核。我花了 3 年时间，游历德格、甘孜、康定、道孚、炉霍、色达和白玉等地，寻访格萨尔王的各种传说，研究了很多关于格萨尔王的著作和资料，并与降边嘉措等学者一起进行考察。

我到过一个地方，当地人告诉我，那里有格萨尔王时代的城堡遗址。我很疑惑，如果是北宋年间，近 1000 年了，土夯墙怎么不倒？于是，我上山去寻找，去看看那到底是不是千年建筑，结果发现很了不起！那些修筑的石料都是铁矿石，当时建筑城堡就是用这些石头把墙架起来，然后两边用火烧，烧到几百度，铁矿石就半熔化了，紧紧地黏合在一起，所以这些建筑可以历经千年岁月。

而我绝不是站在山上望一眼，就认定这个结论，我们要有科学的实证精神，所以我拿了一个小样本，亲手从地面掏出来燃烧后的铁矿石去验证。这说明那个时候格萨尔王他们已经掌握了对地质矿物的基本认识，也有了比较高的冶炼水平。因为接下来，就在那附近，我又寻访到一个地方，白玉河坡乡。直至今天，那里的非物质文化遗产还是打造刀剑，工匠广集，制造的"白玉藏刀"享誉藏地。一名工匠说，老师你要写格萨尔王，我送你一把刀。我当然婉拒，结果人家说这个是送给格萨尔王的，不是送给我的。据他介绍，过去这里的整个部落就是格萨尔王的兵器部落，之所以扎根于此，因为那儿有铁和铜矿山。他们不参加战争，但制造各种兵器，头盔、剑、护甲……从冶炼到成品，呈给格萨尔王的整个军队。我见到了格萨尔王时代配在身上的箭，那个跟我们想象的不一样，不是轻巧的羽毛，它是沉重的、铁制的，具有很大的杀伤力。

在清道光年间，将格萨尔王奉为祖先的林葱家族还在阿须草原上建起过一座家庙，供奉祖先和手下诸多英雄的塑像，据说庙中曾珍藏有格萨尔王的象牙印章以及格萨尔王与手下英雄用过的宝剑和铠甲等一应兵器。后来，老庙被毁，林葱家族逐日衰败。直到1999年，由附近的岔岔寺巴伽活佛主其事，得政府和社会资助，这座土司家族的家庙以格萨尔纪念堂的名义恢复重建。加上纪念堂前格萨尔王身跨战马的高大塑像，这里成为当地政府力推的一个重要景点。说到马，还想告诉大家，四川甘孜来马乡的绒坝岔风景绮丽，冰川时期遗留下来的巨石漂砾遍布整个山谷。相传康区最好的良驹就出自这里，传说格萨尔王曾在此寄放战马，留下了珍贵的马种。

"失去故事的说唱人从此留在了这个地方。他经常去摸索着打扫那个陈列着岭国君臣塑像的大殿，就这样一天天老去，有人参观时，庙里会播放他那最后的唱段。这时，他会仰起脸来凝神倾听，脸上浮现出茫然的笑颜。没人的时候，他会抚摸那支箭，那真是一支铁箭，有着铁的冰凉，有着铁粗重的质感。"这是我小说的结尾，再次献给这位传奇英雄。

神奇说唱　出彩大戏
说唱艺人对着石头便能颂出史诗

　　创作小说《格萨尔王》的时候，我去过那个小庙，在格萨尔塑像前献了一条哈达，我没有祈祷，我只是默念：王啊，今天我要把你的故事还给你，我要走出你的故事了。这是一个小说家的宿命，从一个故事向另一个故事漂泊。完成一个故事，就意味着你要离开了。就借用艺人们比兴丰沛的唱词吧："老狮要远走，是小狮的爪牙已锋利了。十五的月亮将西沉，是东方的太阳升起来了。"在小说的结尾，我也让回到天上继续为神的格萨尔把说唱人的故事收走了。因为那个说唱人已经很累了。说唱人把故事还给神，也让我设计在了这个地方。

　　说唱人，格萨尔王史诗的传承离不开他们。那些艺人，特别是那种"神授"艺人，对于自己演唱的故事深信不疑。我在寻访的途中，曾在格萨尔王身跨战马的那座塑像前听说唱艺人演唱格萨尔王故事的片段。今天的说唱人，都会戴上一顶帽子，他们说这样格萨尔王和他的英雄们就会降临到身上。他们非常庄重地讲述故事，伴着一把六弦琴，大部分都用吟唱的方式，文采斐然。此外，以格萨尔王为题材的藏戏如今依然流传着。演出往往选在依山傍林之地，演员们几为僧侣，身着宽袖彩袍、手持弓箭马鞭，再现格萨尔王驱除邪魔、解救黎民百姓之苦的剧情。名刹竹庆寺，就创演了一出格萨尔戏剧，不时排演。我没有遇到过大戏上演，但看见过寺院演剧用的格萨尔与其手下 30 大将的面具，各见性情，做工精良。此外，我还在一些地方的学校，听到校长告诉我，他们的学生演出队，会演格萨尔王中的几部大戏，会演赛马称王……还有一位石刻艺人，他说他对格萨尔王的崇拜是一辈子在石头上篆刻格萨尔王的形象。我记忆最深刻的，就是他刻的骑在马上的格萨尔王。

还有一件奇事。我在一个村里，邂逅一位老者，他问我，你是来打听格萨尔王的事情？我说是，他说我们都不懂，你到河边去，找一个放羊的老太婆，她懂，她天赋异禀，会讲格萨尔王。于是，我去找了她。一个放羊的老太婆，又不是奇石爱好者，但收集了很多石头，我问她弄这么多石头来干吗？她说："这是我唱格萨尔王必须依赖的工具，没有石头我不会唱。这个石头我看起来像电视机，你们看石头不动，但我就看到里面有人在射箭，有人在奔跑，有人在唱歌。"我说哪儿有呢？她说："所以你是普通人。"后来我才知道，这个老太婆就是格萨尔王说唱艺人西让（协珍）卓玛，她12岁就开始用独特的方式唱颂格萨尔王史诗。她收集了大量奇异的石头，每块石头在她眼中都象征着一个格萨尔王史诗中的人物或故事，对着它们，她便能唱颂出优美的格萨尔王史诗。

从古至今，格萨尔王都是藏族同胞引以为豪的旷世英雄。我拍到过他们对格萨尔王的祭祀，对着雪山的一个祭祀场景。此外，在阿须草原上，人们不仅供奉格萨尔王，还供奉了格萨尔王手下30个重要的有名有姓的战将。相对于别的史诗，《伊利亚特》《奥德赛》，怎么唱奥德赛？怎么唱那些希腊英雄跟天上神灵沟通？没有人知道，但是今天你到藏地，对于格萨尔王，很多人都是随口就来。

重述神话　保持想象
青藏高原到处是"活"着的格萨尔王

有一种说法，世界已经把格萨尔王这样一个庞大的神话传说提高到了跟古代的世界性史诗并驾齐驱、互相媲美的程度，但唯有格萨尔王还生活在青藏高原上的藏族人民中间，在草原的牧场，在雅鲁藏布江，在黄河源头，在金沙江畔，在所有奔流于高原上的大河两岸农耕的村庄里，由不同的民间艺人在演唱。

格萨尔王的传说是很多作家写作的灵感，我也不例外。我的小说《格萨尔王》，是英国坎农格特出版社发起"重述神话"出版项目中的其中一部作品。包括英、美、中、法、德、日、韩等40多个国家和地区的知名出版社参与的首个跨国出版合作项目，已加盟的丛书作者包括诺贝尔奖、布克奖获得者及畅销书作家，如大江健三郎、玛格丽特·阿特伍德、翁贝托·艾科等。这部作品对于我而言，是一种重新创作。我就是要把宗教气息浓厚的神话变成现代小说，需要用现代观念、现代思想、现代小说的形式，重新表达。为这个项目，我还去伦敦、法兰克福开过两次会议，英国坎农格特出版社邀约全世界的作家来共同述说已经消失的生活。当时我骄傲地告诉那些人，如果你们是在打捞沉船的话，那么我就是只需要登上青藏高原，因为那些吟唱，形形色色的吟唱还在雪山之下、草原之上、黄河之源、长江之源、澜沧江之源。

这个世界，是需要神话的。今天，科技时代，人们容易失去对神话的兴趣，失去浪漫，失去理想，失去想象。如果我们人类要重温神话，其实就要回到我们生命之初——虽然知识程度不够，但是人类在青春期生命冲动十足。因为有这种冲动，我们势必就对远方和未来充满更高尚、超越物质的那样一种精神向往。我想神话是在这样的力量上鼓励我们。

不断生长　予人力量
格萨尔王的现实意义尤其美好

格萨尔王史诗有很多人不断地吟唱它，就像西方文学理论当中的一个概念，叫作"故事树"。指的就是有些有活力的故事像一棵树一样，在民间会不断生长。今天我们似乎已经看不到这种故事的奇观，但我相信过去《三国演义》的故事就是这样不断地生长，《西游记》的故事也是基于唐玄奘这样一个取经的传说，在民间变成了另外一个样子，也是不断生长起来的。而今天，格萨尔王史诗仍然是一个有生命力的活的故事，像树一样不断生长。去年，我们四川的出版社推出了《〈格萨尔王传〉大全》，总计1.3亿字，300卷。我在想，如果要把这套故事出齐，从目前这个故事的生长范围来看，我觉得差不多会有600卷，但谁能预估它将来继续生长，开枝散叶，又会增加到一个什么体量呢？

2006年，我认识了一个不断创作格萨尔王新故事的人。他不是说唱艺人，他住在一个半山的小木屋，空间很局促，但他就在里面写。他说写作也是一种修行，可能很多人不太相信这句话，那是因为你没有见过他讲故事时那种入神的状态。玉树地震的时候我去玉树，一片废墟。但当地的民众很坚强，也很乐观，他们说我们的格萨尔王塑像没有倒下。格萨尔王，在老百姓心目中，是一个来自于世俗、来自于真实历史的英雄，所以成为他们内心的一个真正的强大的支撑。当时玉树的书记给我说过几句话，我很有感触。他说："格萨尔王的史诗一直在给我们力量，那是一种伟大的力量。这个史诗已近千年了，不但没有消亡，而且不断在生长，传之久远，那么，我们没有理由对我们的将来失去信心。"

我参与了"第二批四川历史名人"的评定，这也是我为什么赞同格萨尔王入选的原因。他是一种正能量的象征，伟大的战神，也是慈爱的化身。在格萨尔王这个人物背后，有着一部关于古代藏族百姓的千古史诗，这是一种罕见的文化现象。在史诗中，格萨尔王虽然经历了从平凡英雄到神话人物的华丽转身，但从根本上他还是一个活生生的人。他身上那种同情弱小、除暴安良的英雄主义精神值得发扬。四川历史名人文化传承创新工程对格萨尔的重新关注和钩沉，是非常有意义的事情。从历史中发掘历史名人文化，将他们的精神重新整理、发掘、弘扬，就是我们回溯历史、回溯四川历史文化的一个可靠的路径。李白也有一句诗："却顾所来径，苍苍横翠微。"当我们登上山峰，我们会发现，走过的路是那么的美丽，那么的意味情深。

（本文节录自作者在"名人大讲堂"所作主题演讲，四川日报全媒体记者肖姗姗整理）

从绵竹少年到一代学宗

张栻

庞惊涛

人物简介

张栻（公元 1133 年—1180 年），字敬夫，号南轩，谥曰"宣"，南宋汉州绵竹（今德阳市绵竹市）人，著名理学家、哲学家、教育家，与朱熹、吕祖谦并称"东南三贤"。其父张浚是苏轼、程颐再传弟子，"出入将相，垂四十年，忠义勋名，为中兴第一"。张栻历任知静江府、知江陵府等职，皆政绩卓著。南宋景定二年（1261 年），从祀孔庙。

主要贡献

张栻勤勉精思、见识宏博、践行笃实，在道学、政事、教学等方面均有建树，尤其对宋代湖湘学派和蜀学的贡献甚大。他创建了城南书院，主教岳麓书院，从学者达数千人，奠定了湖湘学派规模，成为一代学宗。蜀中学者从张栻受教后，返回蜀地，讲学于成都"两江之上"，促进了蜀学的发展，"二江之讲舍，不下长沙"。

🌀 历史功绩

张栻在与朱熹的"相与博约"中，发展了宋代理学，确立了理学中最盛的湖湘学派，并促进了宋代蜀学的持续发展。其爱国爱民精神和躬行践履思想，对后世产生了重要影响；其创建的城南书院之学风，影响深远。

🌀 在川遗存

德阳市绵竹市有南轩祠、南轩洗墨池、桂香亭、读书台遗址等。

🌀 当代价值

张栻重视民生，勤政爱民，发展生产，减轻农民负担，加强民族团结，提倡孝道，重实事实功，内修外攘，爱国献身等事功修为，集中体现了"必治其实，而不为虚文"的经世致用精神，具有重要的当代价值。

2018年5月19日，四川德阳，绵竹南轩中学，云开雨停，风来爽至。这里是南宋大儒、理学家张栻的故里。当按剑执卷、目视远方的张栻全身像揭开后，全校师生无不肃穆恭谨、敬拜如仪。

青史把名标，薪火传今朝！诚如《南轩故里颂》所言，作为张栻思想体系里最重要的教育思想，之所以在近千年的演进历史里山河重光、人间器重，源于他的教育思想有着洞穿时代、烛照古今的力量。

阆州辞里

南宋绍兴七年（1137 年）冬，阆州，嘉陵江渡口。

一艘即将顺江而下的官船上，5 岁的钦夫（张栻字敬夫，后避翼祖讳改字钦夫）和母亲宇文氏及一众内眷正在和前来送行的亲友僚属挥手话别。

张家在阆时间不长，却明大纲、修仁义，军政一体，上下归心。这一年的春正月，蒙圣眷，家君加观文殿大学士兼枢密使，出将入相，正是他一生抱负初展的好开端。但朝局千变万化，年底的时候，朝廷却又有了新的诏命：以秘书少监分司西京，永州居住，这是贬谪的意思了。

永州好啊，远离庙堂，又能一家人团聚，只是离祖籍绵竹，离生活了几年的阆州越来越远了。

"母亲，我们还会回来吗？"钦儿忽然问道。

"钦儿啊，不管你将来走到哪里，你都不能忘了这个生身之邦。"在官不自由，宇文氏是明白的，所以她不能给出"会"与"不会"这两个确定的回答，但她可以确定的是，为母之教，在于让钦儿从小怀真情、懂感恩。

"钦儿记下了。"

山长水阔，去去初程。年幼的钦夫终究还是不解离滋味的，很快，他就在宇文氏的怀里睡着了。

长沙积学

在长沙城南尽心堂建成后不久，父亲请来了刘芮先生，主持张家子弟的馆舍之学。

刘先生是元祐忠贤、忠肃公刘挚的曾孙，南渡后徙居长沙，先后师事孙伟和湖湘学派的开创者胡安国，成为元城学派开山大儒刘安世的再传弟子，后又游于和靖先生尹焞门下，深于易学，所造粹然。

在阆州生活之时，尹焞曾经短暂教习过张栻，对其目之甚高。

刘先生对张栻兄弟言行举止的要求似乎更严。在主讲仁义之道之外，他又加上了《易经》教习的课程，以天地自然、世间万象变易的深刻奥义，启发张栻兄弟的懵懂蒙昧于万一。

稍长，在父亲的要求下，张栻又从岭表王大宝先生学。王大宝字符龟，是潮州海阳人，对儒学颇有研究，尤其对《易经》有心得。张浚贬谪连州时，王大宝正好知连州，两人都是坚定的主战派。在连州时，张浚经济困窘，王大宝知道后，就拿出一部分经制钱来接济他。经制钱本是朝廷为筹措军政费用而在地方加征的杂税，只能用于军政开支，王大宝此举，当然冒了很大的政治风险。张浚为此深感不安："如果就此连累了你，可怎么办呢？"王大宝却慨然道："如果因此而被连累，这是我的命！"感于王大宝的高义，张浚由此与王大宝论交。

"刘先生易学高深，已是一时之选，为什么还要从王先生学呢？"张栻不解父亲的真实意图，于是问道。

"钦儿以为从师问学,以学问先,抑或以德为先?"张浚不直接回答张栻的提问,而是启发性地反问道。

"圣人云,德才兼备,以德为首,儿以为,从师问学,首要学其品德,次之才学其学问。"

"钦儿理解甚是。"张浚以此为发挥,又给张栻讲了一番修身立德的道理,并把王先生甘冒风险接济自己的这件事讲给他,目的不是让张栻明白自己为官的艰窘,而是理解王先生品行道德的高义之处。

"父亲是要儿择师而处,遇贤即拜,开拓心胸,养成道德。"张栻欣然于父亲的这一番说教,自此汲汲于追拜名师,见贤思齐。

南岳拜师

绍兴二十六年(1156年),祖母计太夫人薨,张栻随父亲扶祖母灵柩回蜀。这是他成年之后第一次也是最后一次回蜀。此后,故园千里,只相望而不得相见也。

25岁那年,父亲张浚受秦桧排挤,服阕落职,以本官奉祠居永州。

28岁那年,母亲宇文氏薨。

张栻纯孝,家中接连两丧,自然是哀毁骨销。父亲落职闲住,报效国家的理想眼见落空,情绪不佳,也需人纾解。可这些天道规律与庙堂政斗,都是他无能为力去改变和左右的,他只能反求诸己,让本不安静的书斋,经由自己的沉潜修守,复归于平静。

这一年的10月,杨万里调任零陵丞,张栻与他一见如故。

早在结识张栻之前，杨万里就仰慕张浚的大名，执弟子礼拜谒张浚。但张浚以自己身在迁谪之中，不宜交接，所以杜门谢客。如是者数月，不得谒见，杨万里为之苦恼不已。

张栻深深理解杨万里得遇良师但不得其门的苦恼。这一日回家之后，他即恳请父亲洞开门户，以教贤才。于是父子之间，有了一场与教育相关的对话。

"为父身已许国，岂能有私教之想，而况将来一旦投身戎机，难能片刻晓谕。一时名号，一世空许，如此有师生之名，而无师生之实，误人如此，实不愿也。"看来张浚对这个问题有自己的思考，只是他未便与人明言而已。

但张栻却不认同父亲的看法："先生之教，有长有短；学生之获，有深有浅。片刻之示，有人受益终生；终生之教，有人置若罔闻。此中之别，全在学者心意与根器，廷秀慧悟，远在儿之上，片刻片语，或也能收甘霖之效。父亲闲居常日，独不愿付片刻工夫以成君子之德乎？"

这一番至情至性的话，显然打动了张浚。见面当日，他对杨万里勉之以"正心诚意"之学，杨万里将此作为天道纶音，自己的书斋从此便名为"诚斋"。

杨万里求仁得仁，对张栻感激不已。张栻却有自己的苦楚，想倒给杨万里。

"南岳胡公（指胡宏），弟慕名甚久，时以书质疑求益，然公片纸不与。前次只身往拜，公辞以疾。兄之拜师大易反衬弟之拜师大逆，世事如此，奈何？"

杨万里宽解道："胡公不见，或也如令尊当初不见弟一样，有不能明言之苦。"

杨万里一语点醒了张栻。他日，见到好友孙正孺，张栻便把这番苦恼讲给他听。

孙正孺快人快语："汝若不问，我便不讲。既如此，当据实以告。先生知尔大器，只是顾虑：'渠家好佛，宏见他说甚？'"

张栻恍然大悟，争辩道："家父好佛，少时偶得从侍，但从未随学。先生以父之故而迁念，真是冤哉枉也。"

"此事辩明，却也不难。只是此番断不能再驰书告，还是再走南岳，或得机缘。"

张栻听孙正孺之劝，只身再往南岳胡文定公书堂。一见胡宏，张栻即躬身拜在座下，泣告缘由，表白诚意。

"佛道两家，原本与儒门多有和合之处，只是近世以来，谵妄玄说多害，恐尔误入歧途，不为受益，反为之害。"胡宏也是一番苦口婆心，赤诚以见。

"学生理会得。干父之蛊，不忘盖父之愆，此才是人子大孝。"潜意识里，张栻也可能会对张浚好佛"无如之何"，因为"渠家好佛"导致他几乎迷路，这个后果，想来是让张栻不愿承担的。现在，他需要在胡宏面前，表白自己专心儒门、一意拒佛的态度。

算起来，这是张栻第四次拜倒在胡宏座下了。

"前次来，让尔思'忠清未得为仁'之理，可有领悟？"胡先生问。

"圣人早有分教，令尹子虽忠诚、陈文子虽清高，但皆未得仁之至高标准。窃以为，仁存于我心，我之举心动念，一言一行，当力求人格完善，修得人成。'人'之既成，则得为仁之理；'人'之不成，则为仁之理未得。"张栻恭敬答道。

胡宏掩饰不住欣喜，此刻，他已决意将此子纳入门下，于是忙俯身挽起张栻，温言道："此说甚善。今日始，尔即来学，湖湘之学宏大，有赖于尔了。"

江淮军幕

隆兴元年（1163年），高宗内禅，称太上皇。孝宗赵昚即位，对张浚、张栻父子寄望非常。行在奏对时，张栻以理学奥义劝孝宗"振之"："陛下上念宗社之仇耻，下悯中原之涂炭，惕然于中而思有以振之。臣谓此心之发，即天理之所存也，诚愿益加省察，稽古亲贤以自辅，无使其或少息也。则不惟今日之功可以必成，而千古因循之弊亦庶乎其可革也。"

赵昚颇思一番作为，张栻这番话正好说到他心坎上，君臣之契，便在这次召对后达成。很快，孝宗起用以张浚为首的主战派，谋划北伐大业。张栻虽未参加科试，未得功名，但孝宗让他荫张浚之功补承务郎，辟宣抚使都督府书写机宜文字，除直秘阁。

很快，这一年的4月，孝宗下决心对金国用兵，他径直绕过三省与枢密院，直接向枢密使、都督江淮军马张浚和诸将下达了"隆兴北伐"的诏令。张浚统兵8万，以号称20万的威势，一路由大将李显忠取河南灵璧，一路由大将邵宏渊取安徽虹县。

李显忠部很快攻取灵璧，并派灵璧降卒到虹县劝降。其时，邵部久攻虹县不下，李部劝降一到，虹县守将即刻瓦解，但邵宏渊却以虹县战功不出于己部而与李显忠生隙。在攻克宿州后，两部矛盾进一步激化。论军功，孝宗升李显忠为淮南、京东、河北招抚使，邵宏渊为副使。邵宏渊耻居李下，向张浚表示拒绝接受李的节制。

张浚对邵宏渊的姑息迁就，为后来的"符离大败"留下了祸根。5月20日，金将纥石烈志宁兵围宿州治所符离，李显忠力战不屈。金兵又迅速增兵围城，李显忠不得不向邵宏渊部求援。邵宏渊非但不支援，反而军前调侃："当此盛夏，摇扇于清凉犹不堪，况烈日中被甲苦战乎？"军心由此动摇。李显忠部独立支撑苦战到 22 日，知事不可为，乃于当夜放弃守城，从北城撤出。金军乘势追击，宋军大溃，宿州再次失守，为期 18 天的"隆兴北伐"也以失败告终。

符离之溃使和战局面由此更换。隆兴二年（1164 年）的 8 月，忧辱成疾的张浚满怀遗憾去世。去世前，他对张栻兄弟说："吾尝相国家，不能恢复中原，雪祖宗之耻，不欲归葬先人墓左。即死，葬我衡山下足矣。"

张栻从父亲的背后，从此走上历史与时代的前台。父亲埋骨的衡山之下，冥冥中还要眷顾他，开启属于他衡山之上的万古盛名。

岳麓会讲

张栻的军事才能，在"隆兴北伐"中没有得到充分展示，但在随后破李金起势，却发挥了作用。

隆兴二年（1164 年）冬，湖南郴州宜章弓手李金攻入广东英德、韶州、连州、德庆、肇庆诸州府，往西夺取广西梧、贺二州；次年 5 月，攻克郴州。朝廷派刘珙为湖南安抚使，专事镇压李金。受胡宏的举荐，刘珙向张栻请教破李金之策。张栻为之筹策，一面传檄两广，扼关守寨，征调湖北京西制置使沈介的援兵，一面对李金军进行分化和瓦解。8月，李金军告破。

刘珙感于张栻之才，遂在平息李金军之后，修葺岳麓书院，延请张栻为书院山长。张栻没有答应刘珙的"山长"之请，他的理由是"先师胡宏所不得为"，表现出了作为一个学术宗师的谦逊品格。

书院教学何为？在《重修岳麓书院记》中，张栻指出了岳麓书院重建授徒的目的："岂特使子群居佚谭，但为决科利禄计乎？抑岂使子习为言语文词之工而已乎？盖欲成就人才，以传斯道而济斯民。"又之，"学者潜心孔孟，必求门而入，愚以为莫先于明义利之辨。"义利之辨具有很强的当代启发。他在继承孔孟义利观的基础上，就道德标准与物质利益的关系提出了自己的新见解。

张栻传道济民的观点，也可以理解为"素质教育"思想在南宋早期的萌芽。从他自身的学习、读书实践来看，他觉得读书和学习提高，是自我实现的需要，反对单纯为科举而读书。在他所处的时代，能有这样的思想，便见出他思想先念的伟大之处。

早在隆兴元年（1163 年）10 月，张栻就和朱熹在临安见面认识；次年 9 月，朱熹千里迢迢赶到豫章，登舟哭祭张浚亡灵。这次见面，他们畅谈了 3 天，相互吸引成为究理探学的知己。此后，他们便常常书信往还，探讨学问，辩论是非。

有感于书信交流学问的不够畅快、效率低下，加之两人都有建立理学思想体系的想法，于是见面会讲便成为两人共同的意愿。其时，岳麓书院重建新开，张栻声誉与名望日隆，朱熹遂决定主动前往，会讲之余，一并作南岳之游。

乾道三年（1167 年）8 月下旬，朱熹在弟子范伯崇、林择之的陪同

下，从福建崇安启程，于 9 月 8 日抵达长沙，受到张栻及一众弟子的热烈
欢迎。

朱熹在长沙待了两个多月时间，与张栻就双方关切的学术问题进行了
热烈的讨论和辩论。朱熹弟子范林二人和张栻岳麓书院、城南书院的弟子
环列在两位大儒的周围，以旁听、以见证、以观察、场面宏大，为岳麓书
院建立以来最盛。

从后来的史料记载中，我们可以想象两个大宗师会讲的场景：一时舆
马之众，饮池水立涸。范伯崇更是记录说："二先生论《中庸》之义，三
日夜而不能合。"由于没有具体的记载，会讲的详细内容今天已经不可考，
我们只能通过详细考察主讲者及其弟子、听讲者当时及以后的一些文字言
论来作分析。通过分析，我们知道，朱张会讲，大体讨论了包括中和说、
太极说、知行说、仁说、察识持养说等学说，涉及理学思想及教育思想等
许多重要问题。

没有扩音器，二人的声音再宏亮，也不能让所有的人都听得明明白
白。张朱二人的反复论辩，不是刻意的儒门仪轨，更像是他们给予士子们
的课业复习，显示了循循善诱、诲人不倦的崇高师德。咳唾遗珠，风仪想
见，流水一般循环往复的士子们，未纳分毫礼金，便得以分享了这场旷世
难遇的思想盛宴，使后人思之，无不追慕再三。

这次会讲之后的岳麓书院和湖湘学派，因张栻而名动天下。元代理学
家吴澄说："自此之后，岳麓之为书院，非前之岳麓矣，地以人而重也。"
可为知言。

静江晚唱

终其在位的 20 多年，孝宗赵眘对张栻是莫失莫忘、信任有加的。

原因当然不仅仅因为他是相国重臣张浚之子，更多的是源于当年的君臣之契，源于对张浚张栻父子主战未能、反施和议之策的愧疚，更源于张栻确有经纬国家的才能。

乾道五年（1169 年），孝宗始起用张栻，外放历练，先除知抚州，旋改为知严州，短暂任职后，召为尚书吏部员外郎，旋兼侍讲，除左司员外郎。

虽然很得孝宗信任，但是张栻从不揣测上意，君前奏对但凭本心。《续资治通鉴》记录说：公每进对，必自盟于心，不以人主意向辄有所随顺。开经筵，他讲《诗经·葛覃》，以劝孝宗实施德政教化，提醒他不要兴利扰民。不期一年，孝宗召对六七次之多，由此让近臣不安，他们合中外之力排挤，意欲将他赶出朝堂，外放地方。

淳熙二年（1175 年），张栻以知静江府（今桂林）经略安抚广南西路，开始了为官一任、造福地方的从政实践。这一年，张栻已 43 岁。

当时的广南西路及静江府，尚是边蛮荒地，人民普遍缺乏中原礼仪教化。张栻到任后，从其理学家的文教功能教化边民入手，做了大量有益地方的工作。立盐法、简州兵、抚峒丁、改马政、劝农桑、建贤祠、兴州学……不到 3 年的任期，政绩突出，教化明显，社会风气为之一新。

江陵谢幕

不久，张栻除湖北路转运副使，改知江陵府（今湖北省荆州市），安抚本路。

为政在实。无论在静江府，还是江陵府，他都以自己理学家的较真精神，对官场的陋习予以纠偏。

严缉捕、整军政、斩奸盗、缚北虏，一系列在江陵府的施政"组合拳"打出去之后，这一年的11月，他病倒了。

在明知病重不起的情况下，张栻仍然心系朝廷："丞犹手书，劝上亲君子，远小人，信任防一己之偏，好恶公天下之理，以清四海，克固丕图。"赵眘始终对张栻的建言重视践履，执政晚年政治清明，民和俗静，出现了天下康宁的升平景象，成就了历史上的"乾淳之治"，使羸弱偏安的南宋朝廷有了一段难得的中兴气象。这其中，应有张栻作为理学家的政治建言之功。

二月初二，张栻病危。追随他甚久的学生吴伦侍候在侧，左右扶掖，因问他还有什么遗命，张栻说："蝉蜕人欲之私，春融天理之妙。"遂坐逝。

张栻灵枢出江陵时，江陵老稚挽车号恸，数十里不绝，四方贤士泣涕相吊。朱子闻讣，罢宴大哭，并寄书吕伯恭曰："吾道之衰，乃至于此。且不惟吾道之衰，于当世亦大有厉害也！"诚为肺腑之痛语。

青峰埋骨

　　湖南宁乡九曲峰下，有一马蹄状小山，当地人称为罗带山。山之东西两侧，依偎分布着张栻和他父亲张浚的墓。

　　如今，张栻墓前，已然大树冠盖，林荫蔽日。张栻生时，好易学的父亲张浚为他取名栻，希望他把握自己命运的星盘，但张栻却坚持自己的主张，长成了古书上那棵风姿秀挺的大树。以他为宗师的湖湘学派，又因为魏了翁的私淑，以及宇文挺臣、陈概、"二江九先生"等蜀地主力学者群的传续，成为影响蜀学数百年的学术洪流。

世 界 数 学 史 上 的 超 级 天 才

秦九韶

刘火

人物简介

秦九韶（公元 1208 年—1268 年），字道古，祖籍鲁郡（今河南省范县），出生于普州（今资阳市安岳县），南宋著名数学家，精研星象、音律、算术、营造之学。南宋绍定五年（1232 年）考中进士，历任建康府通判、江宁府知府、琼州守等，后遭贬，卒于梅州任所。

他所著《数书九章》，被称为"算中宝典"；他善于创新，用数学解决百姓的实际问题。德国数学家高斯提出的同余理论，是数论的重要内容之一。而在其之前 550 多年的中国古代，秦九韶就提出了同样的解法。

主要贡献

秦九韶是我国古代宋元数学研究高峰时期的主要代表人物，所著《数书九章》被收入《永乐大典》和《四库全书总目》。全书 9 章 18 卷，每章为一类，每类 9 题共计 81 个算题，内容极其丰富，上至天文、星象、历律、测候，下至河道、水利、建筑、运输。该书许多计算方法和经验常数至今仍有很高的参考价值和实践意义，被称为"算中宝典"，代表了当时中国数学的先进水平，在世界数学史上占有极高的地位。

历史功绩 ··

秦九韶系统总结和发展了高次方程数值解法和一次同余式组解法，创立了相当完备的"正负开方术"和"大衍求一术"，是中国传统数学在这两个方面所取得辉煌成就的杰出总结，比西方著名数学家高斯建立的同余理论早 550 多年，被西方称为"中国剩余定理"，代表了当时世界数学发展的最高水平。

在川遗存 ··

资阳市安岳县有秦苑斋、秦九韶纪念馆、秦九韶广场等遗址和纪念场馆。

当代价值 ··

秦九韶吸收中国古代数学精华，将数学应用于社会生活并有所拓展，在数学观上的创见和突破对世界数学发展做出了贡献。同时，也证明了东西方数学各有所长，西方以系统性、逻辑性取胜，东方以实用性、构造性见长。秦九韶的数学思想是中华优秀传统文化的重要组成部分。

壹

中国的 20 世纪 80 年代是一个希望在田野、硕果在田野的时代。

1987 年 5 月 21 日，在中国的北京师范大学，召开了"秦九韶《数书九章》成书 740 周年纪念国际会议"。这时距秦九韶仙逝的 1268 年，已经过去了 719 年；距《数书九章》1247 年（南宋淳祐七年）成书，已经过去了 740 年。出席这个会议的有来自全国的科技史家 50 多位，还有来自美国的席文、焦蔚芳，比利时学者李倍始和日本学者道胁义正、吉田忠、川原秀城等。特别是给予过中国古代科技高度肯定并著有《中国科学技术史》的科学史巨匠李约瑟，专门发电祝贺这一盛会的召开。大会共收到中、英论文 60 余篇，其中有 30 篇在大会上宣读。会议还专门就秦九韶的生平事迹和数学成就做了几场专题报告。

"秦九韶《数书九章》成书 740 周年纪念国际会议"，让世界重新认识了中国这位数学天才秦九韶，也确认了《数书九章》在全球的数学史地位。

贰

秦九韶出生之前的普州（今四川省安岳县），不是一个随便可以在历史上忘掉的地方。如果把它置于巴蜀两核的成都、重庆之间来观察，安岳恰好处在一个文明先发达区域。事实也是如此。1951 年新中国在巴蜀建第一条铁路——成渝铁路时，在今资阳火车站附近发现了旧石器时代晚期的人类化石。这具化石，在人类进化发展史上称作"资阳人"。

"资阳人"是古人类的化石。而安岳石窟则是古人精神与文化的化石。据 2000 年 5 月的普查，安岳历代石窟造像 218 处、造像 10 万余尊，是中国已知的佛教造像最集中的地方。安岳石窟始于南朝梁武帝普通二年（521 年），盛于唐宋两代。从造像的历史和造像的造型与演变，安岳石窟上承云冈、龙门，下启大足。安岳石窟从佛教西来中本土化的过程、历史，以及在此地经久弥新的存在，足以表明普州安岳的人文渊薮是何等的灿烂。

隋朝时，安岳为一个叫"资阳郡"的州治所辖。到了唐代，安岳属剑南道普州（安岳是普州治所）；到了北宋，它属梓州路普州；到了南宋，它属潼川路普州。南宋嘉定元年即公元 1208 年（或说 1202 年、或说 1207年、或说 1209 年），秦九韶就出生在这样一个历史和文化底蕴都相当深厚的地方。

随后的岁月，从这里出发，秦九韶开始了他一生丰富多彩且仕途坎坷的人生。普州哪里知道，秦九韶哪里知道，普州为中国科学史、为世界数学史贡献了一位世界级的数学天才。

当然，自隋唐开科取士以来，至南宋几近 600 年。学而优则仕，深入读书人骨髓。据 1993 年出版的《安岳县志》载，普州一地，两宋朝就有262 名进士。秦九韶的梦想，就跟他的父亲一样：苦读、考取功名、入仕、为官家、为朝廷，同时也可能如范仲淹似的居其庙堂忧其民。一句话，读书人的梦想就只有一个"入仕为官也为民"。

现在来看一看秦九韶的仕途吧！

绍定二年（1229 年），21 岁，自南宋京城临安（今浙江省杭州市）随父读书返乡。明嘉靖《鄞县志》称"绍定二年，秦九韶擢县尉"。从绍定二年（1229 年）到淳祐四年（1244 年）15 年间，秦九韶经蒙古人入蜀侵扰之苦、投身抗元、顺川江流离，先后任过蕲州（今湖北省蕲春县）副职通判、和州（今安徽省和县）太守、建康（今江苏省南京市）通判。淳祐十年（1250 年），42 岁投于右丞相吴潜门下。吴潜，嘉定十年（1217 年）状元，后因与权相贾似道理政观念不同受排斥。秦后来也投身于贾，这为秦晚年的坎坷埋下了伏笔。宝祐二年（1254 年），46 岁，离开吴门，赴沿江制置司参议官。47 岁时定居湖州（今浙江省湖州市）。宝祐五年（1257 年），49 岁拜吴潜政敌贾似道，不久出任琼州（今海南省琼县）代理知州，3 个月后忽离职返回湖州。开庆元年（1259 年）51 岁时再次投身于吴府，但因南宋大词人刘克庄（时任工部尚书）反对，仕途受阻，仅得司农寺闲职。直到 53 岁时，才又出任梅州（今广东省梅县），不久"治政不辍"而"竟殂于梅"。享年 59 岁。

如果仅从履历看，秦九韶就是 2000 多年文人和低级官吏中寻常的一个。如果这样的话，秦九韶早就淹没在历史的深处，或者早在历史的云烟中缥缈无迹。但秦九韶是蜀人的独一、国人的独一，甚至可以说在他那个时代，也是世界的独一。

在他的为官旅途中，有 3 年时间，于秦九韶、于中国、于世界数学史，是极为不平凡的 3 年。因为这 3 年即淳祐四年（1244 年）为丁母忧至淳祐七年（1247 年）间，秦九韶写下了天才般的著作《数书九章》。

叁

让我们再次回到 1987 年北京"秦九韶《数书九章》成书 740 周年纪念国际会议"。

中国当代最权威的数学家和数学史家吴文俊、白尚恕、沈康身、李迪、李继闵等人组成的"秦九韶及其著作研究专题组"给大会提供的论文指出：《数书九章》"是继《九章算术》等经典著作后一大革新"，其"大衍类可说是秦九韶的创作，其中，一次同余式组的解法达到了较完美的境界"；文章进一步指出"秦氏在十三世纪发明的大衍求一术是有划时代意义的"，而且是"在当时仅有算筹作为唯一计算工具的条件下"得出的。文章于此无比惊叹地写道：此大衍求一术"数据多而复杂，秦氏有非凡的计算能力，令人惊奇"。

时年 70 岁的南京大学数学系教授莫绍揆提交的英文论文，将秦九韶的数学研究和成果放于中国数学史的长河里来考量。他认为，秦九韶在 13 世纪所做出的杰出成就，在当时世界上是领先的。这篇讨论秦九韶数学成就的论文试图回答李约瑟之问："尽管中国古代对人类科技发展做出了很多重要贡献，但为什么科学和工业革命没有在近代的中国发生？"

查有梁在《论秦九韶的"缀术推星"》里说："从'缀术推星'我们可以看到：'缀术'逼近法在描述天体运行上是很科学的——这是后来牛顿所应用了的方法。从一般科学方法论看，这是把观察测量与数学演绎结合起来。由此可以看到：中国的传统科学的发展是可以通向近代科学的。"

这是查有梁在研究了秦九韶数学成就之后的观点。遗憾的是，中国古代数学在到达秦九韶这一高峰后，便止步不前。

因此骆祖英在这个国际会议上呼吁："正确评价《数书九章》的历史功绩，研讨秦九韶的学术思想，恢复秦九韶作为中世纪世界数学大家的应有地位，应当是数学史工作者不可推诿的历史责任。"

肆

如果，我们今天重返 1987 年那个初夏的日子，或者说，即或那个初夏已经过去了整整 34 年，我们依然能感受到，正是这样一个高规格的国际会议，才让世界至少让世界数学史重新认识了秦九韶，重新定位了秦九韶。也因为这次大会，秦九韶进入大众视野；也因为这次大会，推动了中国学术界对秦九韶和他的数学巨著的进一步研究。

对于一个生于仕宦家庭、长于一个王朝行将灭亡的动荡时代的读书人，扬名立万，不是靠的功名，不是靠的官大，也不是靠的诗赋词曲，靠的是数学巨著《数书九章》。在《数书九章》的自序里，秦九韶开宗明义地写道：

> 周教六艺，数实成之，学士大夫，所从来尚矣。用其本太虚生一，而周流无穷。大则可以通神明、顺性命，小则可以经世务、类万物。

秦九韶对数学的定义，显然基于道家的学说，同样也包括了儒家的思想。这是中国传统文化耳濡目染于秦的骨髓。秦九韶道、儒的结合，肯定数学这一艺可以"通神明、顺性命"。此处的"顺性命"并非有论者认为是数学神秘主义的表达，刚刚相反，由于有接下来的"经世务、类万物"的表达，可以看到秦九韶研习数学的功用和目的（即秦九韶所说的"以拟于用"）。秦九韶这一双重表达，事实上是对一个开科取士已成为那个时代那个社会读书人的必由之路的某种反叛，或者说，表明了作为一位数学家秦九韶准备或者开始与旧传统、旧格局决裂。这一反叛和决裂的标识就是《数书九章》。在这种前提下，秦九韶继续写道：

> 九韶愚陋，不闲于艺。然早岁侍亲中都，因得访习于太史，又尝从隐君子受数学。际时狄患，历史遥寒，不自意全于矢石间，尝险罹忧，荏苒十祀，心槁气落，信知夫物莫不教也。

这是数学天才何以成为天才的一段自注。虽然早岁对于四书五经不那么感兴趣，但却对周教的六艺（礼、乐、射、御、书、数），从来就没有失去过兴趣和信心。再加上年轻（大约 11 岁到 14 岁）时随父在京城临安学习天文，特别是得到高隐之士南宋后期著名道学家陈元靓在数学方面的指点。于是将自己闭关三年，写出了天才的《数书九章》。

"立术具草，以图发之。"这便是秦九韶扬名立万的 20 万字的皇皇巨著《数书九章》的前因后果。

仅用 3 年时间写就一部高峰之作，不是天才是什么？不是超级天才是什么？所有的科学、艺术、文学等，除了勤奋和外部因素外，没有天赋，显然不足以成为大家，更不要说成为如秦九韶这样的卓然大家！正是秦九韶在 13 世纪给世界贡献了"中国剩余定理"。

遗憾的是，历史一度对秦九韶不太公正。二十四史最为芜杂的《宋史》竟没有秦九韶的传记。《宋史》中，连与秦九韶最有关联的吴潜、贾似道等人物传里也无秦九韶的羚羊挂角。我们今天看到的秦九韶生平行迹，大都散见在秦行迹的方志野史笔记里，或者说，有关秦九韶的行迹如碎片一般地散落在时间和空间里。比较完整的秦九韶的传记，是秦同时代的大词人周密《癸辛杂识续集》关于秦九韶的笔记。不过这传记，如徐品方、孔国平所著的《中世纪数学泰斗秦九韶》里所说"周密等人记载的失实，严重歪曲了秦九韶的形象"。确实在周密的这个秦九韶的小传里，对秦否多于臧、贬多于褒，但我们却在《癸辛杂识续集》看到了其他关于秦九韶记录所看不到的内容，那就是秦九韶的天赋、好学、广博、多才、多艺。

《癸辛杂识续集》里说秦九韶："性极机巧，星象、音律、算术，以至营造等事，无不精究。"再就是：骈丽、诗词、游戏、毬马，莫不能知。除了四书五经，天下知识技艺，对于秦九韶来说，没有他不知道的，没有他不会的，甚至说没有他不精的。当然，正如这则序中所说言"愿意进之于道"。也就是说，他秦九韶撰写的这部数学巨著，依然具有经用济世的功用和功利。确实也是，开庆元年（1259 年）在重新追随吴潜时，秦九韶将《数书九章》送与最高当局宋理宗，以求此书效力于国家，能得到理宗的重视，或者说以求此书进阶于仕途高层。不幸的是，那时的南宋王朝已日薄西山穷途末路了，谁还有兴趣去关注一本与内忧外患无关的数学著作？《数书九章》，一部划时代的数学巨著生不逢时！

伍

幸运的是，时间是公正的。

秦九韶不讳言自己的数学之根源于河洛、源于周易、源于八卦九畴，这看起来与西方近现代的数学理念有些相隔。但是，秦九韶生活的时代，整个西方还沉浸在神权的威势中，凡触及与神相违的一切都会被视为异端：书遭焚毁、人遭火刑。而在东方的中国，秦九韶孜孜以求精研代数几何，探索数学的终极秘密和现实功用。秦九韶在写《数书九章》时就"信知夫物莫有数也"，于是"肆意其间，旁诹方能，探索杳渺"，求其"数与道非二本"。何谓"道"？"道者，盖万物之类，圣人之至赜也。"（《隋书·经籍志》）也就是说，中国的数学一开始就有追求万物本源的旨义，这与亚里士多德的"万物皆数"的西方数学概念不谋而合。或者说，秦九韶的"数与道非二本"的观念是一个极富天才又极先进的理念。

中国没有忘记：

《数书九章》被明初的《永乐大典》录入。

《数书九章》被清中期的《四库全书》录入。

清道光二十二年（1842年），"宜稼堂丛书"刻印。

民国二十六年（1937年），王云五以万有文库"国学基本丛书"印行。

随着清末民初的西学引进，以中西观念对照研究《数书九章》在中国风起。

当代数学泰斗吴文俊等编写的《中国数学史大系（两宋卷）》的秦九韶篇，足足有436页。这在中国古代数学家里，极为罕见，足见秦九韶在中国数学史上的地位。

2012 年出版的《中国数学史最光辉的篇章：李冶、秦九韶、杨辉、朱世杰的故事》一书里，评说的几位数学家，唯秦九韶，著者用"卓越的数学成就"专章论述，足见秦九韶在中国古代数学家的地位。

……

世界没有忘记：

集合论的创立人、19 世纪德国数学家康托称秦九韶发现"大衍求一术"是"最幸运的天才"。

19 世纪科学史家萨顿称赞秦九韶是"他那个民族，他那个时代，并且也是所有时代最伟大的数学家之一"。

1971 年，秦九韶被收入美国出版的科学家辞典。

1973 年，美国出版《十三世纪中国数学》，李倍始撰写，全书共 6 编 22 章，仅"大衍求一术"在 23 章中就占了 9 章 200 多页。

20 世纪最杰出的科学史家李约瑟称赞秦九韶"具有迷人的性格"。

2005 年，牛津大学出版社出版的《数学史：从美索不达米亚到现代》，共收录 12 位数学家，秦九韶是唯一的中国人。

英国广播公司（BBC）也推出了大型纪录片《数学的故事》（共 4 集，每集近 60 分钟）。其中第二集《东方的天才》讲述的是中古时期的中国、印度和阿拉伯的数学史。在中国部分 18 分钟的片长里，数学家就只讲了秦九韶。该纪录片用了"extraordinary stuff-highly"来称赞秦九韶。"extraordinary stuff-highly"一语，可以译作"非凡的"，也可以译作"登峰造极的"。如果按照 BBC 主持人的讲解，我认为"登峰造极的"符合秦九韶，因为秦九韶让"数学在中国完成了一次飞跃"。

……

秦九韶的家乡更没有忘记：

公元 2000 年，秦九韶的家乡安岳县建成了气势恢宏的秦九韶纪念馆。

从此，他乡遗骸无存的秦九韶落叶归根、魂归故里；从此，有了凭吊天才秦九韶的祭祀之地、有了象征天才著作《数书九章》的峨峨庙堂。

……

事实上，秦九韶和他的《数书九章》，早已经烙印般地写进了永恒的时间和广袤的空间之中。

贯 通 古 今 的 巴 蜀 大 才

李调元

王国平

人物简介

李调元（1734 年—1803 年），字羹堂，号雨村，四川绵州罗江（今四川省德阳市罗江区）人，清代文学家、诗人、戏曲理论家、藏书家。乾隆二十八年（1763 年）考中进士，历任吏部主事、广东乡试副主考、吏部考功司员外郎、广东学政、直隶通永兵备道。乾隆四十七年（1782 年）获罪流放新疆伊犁，后发回原籍，削职为民，在家乡刻书、藏书十万卷，并著述直到终老。

主要贡献

李调元是清代百科全书式学者，一生著述极为丰富，达 130 余种，撰有《童山诗集》《童山文集》《蠢翁词》等文学作品，《雨村诗话》《雨村词话》《雨村曲话》《雨村赋话》等诗学、戏剧学、文艺理论作品，编刊其父李化楠所撰饮食专著《醒园录》，辑撰刊刻大型丛书《函海》《续函海》等文献学巨著，造万卷楼，藏书十万卷。

❧ 历史功绩

　　李调元推动了古代文献的整理与传承，对巴蜀文化复兴和清代学术繁荣做出了突出贡献。组织川剧伶班，着力扶持、大力推动川剧的兴起，融入对川菜、江南菜等饮食文化的独特见解，编撰了第一部川菜菜谱，为本土文化的弘扬与发展发挥了巨大作用。

❧ 在川遗存

　　德阳市有李调元纪念馆、醒园、李调元读书台、李氏宗祠敦本堂摩崖石刻、李氏宗祠家规碑等，绵阳市有李调元出生地院落、万卷楼遗址、书冢、读书台等。

❧ 当代价值

　　李调元钟情家乡文化，具有坚守正义道德的爱国主义情怀。他孜孜不倦整理传承中华文化遗产，为推动中华文化复兴提供了智慧与启迪。

曾经有很长一段时间，我多次乘坐 503 次、504 次列车在宝成线上穿梭，列车时而奔驰在平原，时而逶迤于群山，笛声起伏、光影交错、人影明暗，仿佛在时光隧道里前行。

以今天的眼光来看，宝成铁路不仅是一条交通干线，同时也是一条文化通途。经过广元，想起开创先河的女皇武则天；经过江油，想起傲视权贵的诗仙李白；经过新都，想起教化滇边的明朝"第一才子"杨升庵；经过成都，想起鞠躬尽瘁的蜀相诸葛亮、忧国忧民的诗圣杜甫和才华横溢的女诗人薛涛……

李调元，亦是宝成线上的一位文宗巨匠。每当经过罗江时，我总会久久地凝视着这片土地，仿佛看见他在万卷楼上挑灯夜读的身影。清风拂过，广袤的成都平原稻浪起伏，正如他的一生，起伏跌宕而又丰厚凝重。

罗江李家湾，这个在中国自然地图上肉眼几乎看不到的地方，却是中国文化地图上一处耀眼的所在，李化楠、李调元、李鼎元和李骥元，用他们横溢的才华，将这个地名一次次擦亮。而在李调元 68 年的生命长河里，他一次次从这里出走，最后，又把他颠沛流离的脚步轻轻地放在了这里。

命运跌宕，百巧千穷

李调元（1734 年—1803 年），字羹堂，号雨村，绵州罗江（今四川省德阳市罗江区）北乡南村坝李家湾人。

史载，李调元从小聪明机智，自幼便在父亲的严格指导下读书，5 岁即读《四书》《尔雅》等书。他记忆力过人，所读书目大多过眼不忘，让乡人叹服。7 岁即能自己创作诗词楹联，曾写有一首《疏雨滴梧桐》云："浮云来万里，窗外雨霖霖。滴在梧桐上，高低各自吟。"一时传抄乡里，被誉为"神童"。某日，李父指着屋檐上织网的蜘蛛出上联："蜘蛛有网难罗雀"。李调元不假思索，信口对出下联："蚯蚓无鳞欲变龙"。才思敏捷，对仗工整。还有一回，兵部尚书钱香树命作春蚕诗，他随口即成，其中有"不梭非弹却成圆"一句被认为是神来之笔，广为传颂。李调元 19 岁以后声名更著。他受业于涪江书院，擅长文章，尤工书画，"州院试俱第一"，堪称川西一大才子。又因文笔优美，往来京师与诸名公巨卿诗词唱和，所作诗文脍炙人口，人人争而诵之，以至李调元虽偏处西南一隅，然影响已远及京城。

乾隆二十四年（1759 年），李调元参加乡试，提学使阅卷后叹："奇其文……拔第一"。随后，李调元就读于锦江书院，与崇庆何希颜、成都张鹤林、内江姜尔常、中江孟鹭洲、汉州张云谷以文章著于时，时称"锦江六杰"，声名鹊起。

乾隆二十五年（1760 年），李调元礼闱落第，与父交游于京师，补恩科品级中书，与毕秋帆、祝芷塘、王梦楼、赵瓯北、程鱼门诸名士诗文唱和。他又跟随当时大画家陆宙冲学习绘画。他天资聪慧，领悟力强，很快掌握了老师传授的技法神韵，精于水墨丹青，谐号"小李将军"。

乾隆二十八年（1763 年），李调元参加会试，当时试题为"从善如登"，李调元诗中有"景行瞻泰岱，学步笑邯郸"之句，为副总裁赏识，拟列为第一。总裁秦蕙田说："此卷才气纵横，魁墨，非元墨也。"其被列为第二。他殿试中二甲第十一名，入翰林院，被钦点为翰林院庶吉士，授予吏部文选司主事，后兼文选司掌进。其职责是每日送百官履历升降循环簿签至宫门，交值日太监转呈皇帝。由于官卑职小，他常受太监欺压。一般新任职者，为求办事顺利，常常预先向太监馈赠财物。李调元蔑视这一陋规，不理睬太监的需索。太监怀恨在心。有一天，太监下午才出宫门接簿，还怒骂李调元迟误时刻。李调元厉声应答道："我官虽小，但是朝廷委任，犯罪自有国法，你怎敢随便辱骂？"说罢抓之欲面见皇帝。幸有大臣劝解，太监才得以下台。此后，太监再也不敢向他索取见面礼了。李调元性格"傲似螳螂""烈如夏日"，不屑谄事权贵，因此有德君子对他敬爱有加，无耻小人对他恨之入骨。虽赢得了"铁员外"之称，也招来了某些人的忌恨，在官场上每每受挫。

乾隆四十二年（1777 年），因政敌永保串通阿桂、舒赫德构陷，在考察京官时将李调元填入"浮躁"一类。乾隆见表册所填 19 人均年迈多病，唯独李调元年富力强，就询问吏部尚书："李调元何事浮躁？"吏部大臣回复："过于逞能。"乾隆一笑置之，诏令李调元仍为吏部员外郎。李调元在任广东乡试副主考时，铁面无私，严禁舞弊，受到当地士子们的称赞。他在广东任学政期间设立书院，培育人才，当地好学之风盛行，推动了当地文化教育的繁荣和发展。今天的广州、茂名等地还流传着他殷殷劝学的故事。

乾隆四十五年（1780年），李调元由广东回京复命被重用，升任直隶通永道，辖通州、永平府，兼管河务、屯田、海防、驿传等事务。此时的他摩拳擦掌，信心满满，期待早日实现他心中"修身齐家治国平天下"的人生理想。

然而，看似一帆风顺的仕途，其实已经暗流涌动。

乾隆四十九年（1784年），李调元曾参与的《四库全书》编修完成，成就了中国文化史上之盛举。当时，朝廷下令将7部手抄本分送全国七大藏书阁收藏。李调元奉旨将其中一部《四库全书》护送到盛京（今辽宁省沈阳市）文溯阁保存。在经过永平府卢龙县时，知县郭棣泰命人把装书的车辆集中停放在馆驿停车场，并盖上茅草防雨。半夜书车茅草忽然着火，虽被及时淋熄，其中几十本书因此而留有水湿印记，主要责任应是郭棣泰"护送不谨"。

然而，在全书送到盛京文溯阁后，李调元将详情汇报给前来查问的按察使永保。这个永保在吏部任郎中时就与李调元结怨，于是乘机报复，搜集李调元多种短处，上奏朝廷，诬蔑李调元玩忽职守，致《四库全书》受损。乾隆大怒，下旨将李调元罢官、下狱。第二年春天，李调元被定罪发配新疆伊犁。幸好有直隶总督袁守侗及时相助，以李母年老需赡养为由，代为申冤，朝廷才准许李调元缴纳万两白银赎罪，押到涿州，即释放回乡。

乾隆五十年（1785 年），李调元的仕途之路戛然中断，但他并没有失落与茫然，他带着大批书籍回到阔别 16 年的家乡，开启了自己百科全书式学者的全新人生。

整理蜀学，百川归海

李调元对四川乃至中国文化至为重要的贡献，莫非被誉为"巴蜀文化全书"的皇皇巨著《函海》的编撰与刊刻。

如果仔细梳理，我们不难发现，李调元家族是罗江地区极少的非湖广填四川的"土著"氏族。明末清初，其曾祖李攀旺曾避难于北川大山中，得以保全性命于乱世。经过三代人的艰苦创业，李氏家族开始复兴。李调元的父亲李化楠，号石亭，历任知县、府台同知等，一生力行善事，任上颇有政声，著有《万善书稿》《石亭诗集》《醒园录》等书。乾隆七年（1742 年），李化楠考中进士，其后李调元及其两个堂弟李鼎元和李骥元也考中进士，且三人均入翰林。一时之间，罗江李家"一门四进士，两院三翰林"被视为眉山"一门七进士，父子三大家"的三苏现象异代重现的佳话而家喻户晓。

李调元受家风熏陶和父亲影响，自幼爱好读书，涉猎范围极广，凡诸子百家、经史子集、诗词歌赋、天文地理，无所不览。在任职京师或奉旨外巡期间，虽不能埋头读书，但在"公余之暇，犹手不释卷"。据清《罗江县志》记载，李调元深感学海无涯、光阴催人，"念明之以逝，恐文献之无征……恐一旦填沟壑，咎将谁归？"他因而废寝忘食，发奋学习，以苦读著述为乐事，无一日之懒散懈怠。

学者李海毅认为：李调元之所以对蜀学格外关注是因为他生于蜀、长于蜀，归隐和去世也在这里。虽然他"生涯强半客他州"，但无论是居官北京还是视学南越，他都有一种蜀人的身份认同感。他常常强调"余蜀人也""余绵人""我家岷之滨"，巴山蜀水的文化养分深入了血液。

蜀中诗人历来就有强烈的"先贤意识"，从扬雄作赋以司马相如赋为范式之后，历代蜀中文人莫不以蜀中先贤为楷模加以追述。这种追慕先贤的意识，到杨慎和李调元时更加明显。李调元曾明确提出对乡邦前贤的追慕，提出要承继司马相如、陈子昂、李白、苏轼、虞集、杨慎以来的文学传统。他极力称颂先贤，模仿效法，甚至以先贤自许激励自己，其中李白、苏轼、杨慎这三位蜀人文宗对他影响最大。

当时的四川，因为长期战乱，经济、文化发展缓慢，书院少，学人少。江南地方一些读书人甚至视四川为边鄙之地，连最崇敬苏东坡的浙江人冯应榴，也认为当时蜀中无人。他来四川作主考官，出了一道题目叫《井蛙赋》，讽刺四川考生是井底之蛙。李调元从青年时起，就怀有振兴四川文化的雄心壮志，故他时时处处留意收集乡邦文献和乡贤著作。

1772年，清政府重修《永乐大典》，采集全国遗漏书籍，开办《四库全书》编订馆，从全国各地征求古籍善本达1.3万多种。当时李调元任翰林院监司，和纪晓岚等一起参与《四库全书》的编纂工作。利用这个机会，李调元得以借观朝廷内府的藏书，包括许多"天府藏书"，并雇人抄录了许多罕见书籍，尤以巴蜀为主，"于是内府秘藏，几乎家有其书矣"，李调元将之取名为《函海》。书名出自《汉书·叙传上》"函之如海，养之如春"，寓意"如大海般包容万物，如大海般养育万物"。此书为清代四大著名私刻丛书之一。而李调元以一人之力编撰刊刻《函海》，堪称文学史上的不二之人。

《函海》所收书以鲍氏《知不足斋丛书》未收者为限，辑存了自汉迄明蜀人著述及罕传秘籍165种，合编为40函、852卷。内容涉及魏晋六朝唐宋元明清等朝代，包括历史、考古、地理、农学、医学、文学、方言、音韵、民俗、姓氏、川剧、川茶等多方面的研究成果，是集巴蜀文化之大成的学术总构，也是乾隆以前历代四川学人的专辑总和，被誉为"巴蜀百科全书"。而且《函海》还收录了我国现存第一部"断域为书"的方言词汇著作《蜀语》，记录考订明末四川方音词语凡570余条、约万言，至为珍贵。如果不是李调元，一些历史上的蜀学重要著作或许早已失传。

《函海》之出版历经艰难，堪称清代四川文化之盛举。从乾隆二十一年（1756年）李调元自刻《李太白集》始，至乾隆四十九年（1784年）辑成初刻，再至嘉庆五年（1800年）（一说嘉庆四年，即1799年）全部完成，历时40余年，先后共有6种版本。早在1780年，李调元任通永道（治所在今北京市通州区）时，便将收集到的有关四川的许多书籍，自己出资雕版印行，中途由于遭遇横祸，又曾中断。1784年的初刻本只有20函，是因为李调元含冤被捕，刻版工头向李夫人索要工钱未果而毁版以致。初刻本如今只在美国国会图书馆中有收藏。在缴付万金赎罪之后，李调元仍然艰辛筹款把《函海》的刻版最后运回四川，竭尽千方修补，使这部巨大的丛书，得以印行问世。《函海》倾注了李调元半生心血，所收图书都经过精心校勘，多有序、跋记其原委。全书后又经其从弟李鼎元再次校勘审定。其后数十年，李调元后人又多加修正改订和补录再版，体系更趋完备，终成影响后世之巨著。

清代著名诗人、学者袁枚读到李调元寄赠的《函海》之后，曾寄诗说："正想其人如白玉，高吟大作似黄钟。童山集著山中业，《函海》书写海内宗。"他又赞李调元"西蜀多才今第一"。更有学者称其为"天下奇书"，认为其辑《永乐大典》之佚书，补《四库全书》之遗憾，有功于巴蜀典籍文献之传承、蜀学文脉之延续，在清代丛书编纂史、文献学史和蜀学史上有着重要的地位。《函海》的刊行，使李调元成为学贯古今、博大精深的一代学者，得以与钱塘袁枚、阳湖赵翼、丹徒王文治齐名，人称"林下四老"，又与遂宁张问陶、丹棱彭端淑合称"清代巴蜀三大才子"。李调元当时声名之隆、影响之广、贡献之大，由此可见一斑。

李调元以皇皇巨著《函海》向蜀贤致敬，连朝鲜诗人都赞赏说他是蜀文学一脉相承的正统。当代学者谭继和先生说"文宗在蜀"，"蜀人多出百科全书式人物"。毫无疑问，有"巴蜀全才"之称的李调元，是继司马相如、扬雄、苏东坡、杨慎之后又一位百科全书式的巴蜀文化巨人，穿越时空，辉耀古今。四川师范大学副校长王川说："乾隆皇帝举国家之力才有了《四库全书》，而李调元凭一己之力，就编纂出如此浩瀚的文献学巨著，填补蜀学文库之遗漏，令世人景仰。"

弘扬川味，百世弥芳

几千年来，川人身上饱含精益求精的工匠精神，敢为人先的创新精神。因此，川人多发明家、工科男、技术控、文艺范。同时，川人更具旷达从容的乐观精神，"即使生活虐我千百遍，我待生活如初恋"，比如李白、苏东坡、杨慎、李劼人、张大千等，无论经历怎样挫折颓败的人生，他们依然是热爱生活、创新生活的"生活达人"。

李调元也不例外，他是一个全才，不仅著书立说，痴迷学术，传承巴蜀文明，还醉心戏曲、开办伶班、亲自掌勺、开创一派，极大地创新与发展了天府文化。

本文仅举川剧和川菜二例。李调元从小喜欢川剧，在北京、广东、河南为官期间，提出"戏曲应该合乎人情""应该各自成体"，倡导川剧要有创新精神。他用心了解当地戏剧的发展，并改编宋元、明清剧本等，将其创作成川剧带回四川。李调元归乡后，节衣缩食投入戏剧活动，其诗"但使笙歌续，焉知米瓮残。朝来一鼓吹，又缺半年餐"是其生动写照。他在家乡象山寺创办了"家伶"戏班，经常"自敲檀板课歌童"，并带着戏班到成都、德阳、绵阳等地巡回演出，叫好又叫座。此外，他重金聘请苏州教师培训，为昆腔传入四川做出了巨大贡献。他还记载整理了珍贵的吹腔、秦腔、二黄腔、女儿腔、弋阳腔、高腔等戏曲史料，对戏曲的发展脉络进行了详细的考辨和细致的梳理，主要论著有《雨村剧话》《雨村曲话》等。他编写的《芙奴传》《花田错》《春秋配》等剧本，至今仍是川剧经典，他也因此被人们奉为"川剧之父"。

今日之川菜之所以得享大名，位列"八大菜系"，李调元对川菜的普及与推广贡献甚巨。李调元主张传承传统烹饪成果，"一次一食，务禀先型"，奉劝人们不要在饮食上猎奇。他收集了大量的民间饮食技艺，编入《醒园录》（分为上下两卷，主要为李化楠记录，李调元增补），全书记载了烹饪39种，酿造24种，糕点小食24种，食品加工25种，饮料4种，食品保藏5种，涵盖了荤菜、糕点、蔬菜、酱菜、饮品、乳品、蛋品的制作方法。其中仅酱、豉写了21条，咸菜写了27条之多，食材中载有野鸡和麻雀，还有酱豆腐乳、冻豆腐的制作方式，这些都和四川盆地多丘陵的地貌相契合。

《醒园录》是第一本川菜菜谱，后来川菜界根据《醒园录》陆续复原了很多川菜，正因为李调元的系统梳理，川菜才逐渐形成完整的体系。因此，他又被尊为"川菜之父"。

正是有了像李调元这样一群热爱生活的川人之努力，四川才会成为最有人间烟火味、最令人向往的地方。

保藏文脉，百折不悔

李调元不仅才气横溢、不畏权势、学识渊博、著作宏富，而且一生酷爱藏书，去职归乡后在自己的家乡构筑了藏书超过十万卷的藏书楼，直与浙江天一阁媲美，为中国文化传承做出了不朽之贡献。

回到家乡的李调元深感仕途坎坷，吉凶莫测，于是在蛙鸣蝉唱、鸡犬相闻的罗江乡间绝意仕进，诗酒田园。

李家不仅重视读书、著书，同样重视藏书，以保存文化的火种。李调元与父亲李化楠均爱书成癖，尤喜藏书，常不惜重金收购珍惜本、善本，并不远千里运回老家书库收藏。受父亲的影响，李调元成年后，购买书籍也是他一生中最大的嗜好，在做官期间"所得俸，悉以购书"。

乾隆五十一年（1786年），此时，李调元决定做一件和编撰《函海》同样重要的大事：他虽已年过半百，但仍决意开始修建一座能保存文明火种的藏书楼。不久，在李家祖宅旁，一座宏伟的楼房拔地而起，名曰"万卷楼"。其楼四周"风景擅平泉之胜，背山临水，烟霞绘辋川之图，手栽竹木渐成林"。李调元赋诗云："我家有楼东山北，万卷与山齐嵯峨。"他又以激动的心情将万卷楼所在的园林取名为"醒园"，并赋诗："醒园初筑亦悠然，地狭偏能结构坚。叠石为山全种竹，穿池引水半栽莲。拈花偶笑人称佛，戴笠行吟自谓仙。曾到名山游脚倦，此生只合老丹铅。"（《醒园杂咏》）

万卷楼实际上是一座藏书十万卷（简称"万卷"）的庞大书库，李调元将其父所购数万卷藏书及自己所购、刊印、手抄藏书收藏于其中，分经、史、子、集四十橱，内多宋椠，抄本尤伙，总数达十万卷。万卷楼所藏除了大量购买书籍外，藏书中还有不少手抄版本。李调元有抄书之癖，凡家中所无之书，即借别人所藏图书抄写，包括当年他做京官时，曾如饥似渴地广抄大内罕见之珍稀藏书。他曾自得道，其藏书中，"御库抄本，无一不备"，时人称其为"西川藏书第一家"，堪称当时四川最大的私立图书馆。

自刊而藏是李调元万卷楼藏书中的另一重要部分。他的自刻本《函海》《续函海》《童山诗集》《童山文集》即藏于此。在随后的日子里，李调元还不断扩大其规模，从外地购回许多珍贵古本，稀见图书，以充实馆藏，成为四川文化史上的一大丰碑。万卷楼的建立，是清初以来四川文化事业恢复发展逐步走向繁荣的一个重要标志。

万卷楼建成后，李调元每天皆要"登楼校雠"，手不释卷，不亦乐乎。万卷楼亦成了海内文学达人、李氏子侄、邻近生员最青睐的地方，甚至很多人不远万里来此查阅典籍，名家大儒们在楼中穿梭的身影成为蜀地的一道亮丽风景。

令人痛心的是，嘉庆五年（1800 年）2 月，李调元昔日的政敌永保嫉恨旧仇，借白莲教起事之际，串通盗匪火烧万卷楼，实为四川文化的重大损失。正在成都友人家中避难的李调元听闻一生心血灰飞烟灭，"一恸几绝"。回罗江后，他将残书片和书灰用黄绫包好，埋入土中，用青石砌高 2 米、长 2.67 米的书冢，并亲笔题写"书冢"二字，刻石碑立于冢前哭诗云："不使坟埋骨，偏表坟葬书；焚如秦政虐，庄似陆游居。人火同宣榭，藜燃异石渠；不如竟燃我，留我待何如？云峰楼成烬，天红瓦剩坯；半生经手写，一旦遂心灰。獭祭从何检，尤杠漫逞才；谈书无种子，一任化飞埃。"

万卷楼被焚后，李调元"意忽忽不乐"，终在嘉庆八年（1803 年）12 月悲痛万分地离开了人世。

一代文化巨匠从此陨落，而他留下的不朽著作依然葆有强大的生命力，成为巴蜀文化中最为丰厚珍贵的部分。

再以谦卑之心，致敬先贤

——《作家眼中的四川历史名人（第二辑）》代后记

姜明

历史名人的当代书写，渐成风尚，这固然得益于时代对于优秀传统文化的珍视和厚望，也反映出民众对于接受和传承传统文化的热忱。在此过程中，历史名人文化受到特别重视，四川省自启动实施历史名人文化传承创新工程以来，对历史名人的推介成系统、有章法，卓见成效。自 2017 年起，三年内已经评选产生了两批共 20 位四川历史名人，其中既有李白、杜甫、苏东坡等为大众耳熟能详的文化名人，也有诸如落下闳、李调元等不大为人熟知却在某些方面做出重大贡献的历史人物。他们理应都在历史长河中大放异彩，有些人却因为种种原因，其价值被严重低估，有的甚至沦落在被屏蔽的边缘。弘扬传统文化，要旨之一就是要去伪存真，拭去历史的尘埃，让不被发现的被发现，让该闪亮的闪亮，特别是让那些曾经被冷落的历史名人的嘉言懿行，成为我们的时代风范。所以，对历史名人的再认识、再解读、再书写，也就凸显出重要意义。

2020 年 6 月，第二批四川历史名人公布，文翁、司马相如、陈寿、常璩、陈子昂、薛涛、格萨尔王、张栻、秦九韶、李调元等 10 人入选，再度引发各界高度关注，成为巴蜀地区的热点新闻事件。我们重启"作家眼中的四川历史名人"非虚构写作计划，再度约请国内知名作家，有个性、有感情地解读第二批四川历史名人，为四川的传统文化热、历史名人热续火添薪。

"作家眼中的四川历史名人"非虚构写作计划始于 2017 年 7 月。彼时，备受瞩目的首批"四川十大历史名人"揭晓。榜单中，除了李白、杜甫、苏东坡等文坛大咖外，也有尚且不太为人熟知的"小众英雄"，如落下闳、扬雄等，后者为什么会入选？为什么不是比他们更知名的历史人物入选？几乎是在发榜的第一时间，省内的传统媒体以及相关新媒体，纷纷以专家访谈、史实普及、名人小传等形式，将这 10 位历史名人推向时代前台，接受公众的致敬。但凡阅读过相关文章之后的读者，其疑虑很快就会消除了，他们往往会发出这样的惊叹：

"天呐，我们中国人年年过春节，闹了半天，现在才知道春节原来是我们四川老乡落下闳'发明'的！"

或者他们会这样感慨：

"本来我是为司马相如鸣不平的，看了扬雄的介绍，才知道扬雄并不比司马相如差啊！我们四川的人才实在太多了！"

首批"四川十大历史名人"的出炉，迅速成为 2017 年四川的一个文化事件。专家的解读、媒体的传播，拂去了历史名人身上厚厚的尘埃，那些金光闪闪的名字，提醒着那些正急匆匆赶路的人们暂时立定、回眸，漫步进入名人们博大而丰盈的精神世界。在被娱乐新闻、时政大事、职场攻略、养生宝典、人工智能等充塞的信息空间里，人们的这一回眸，洞见的不仅仅是一段段典籍、一篇篇美文，更是千年不朽的文化密码，以及朗照古今的文化光芒。当代人与古代圣贤的这一邂逅，迸发出了巨大的现实回声，也让我们媒体人有了更深切的责任意识：如何更好地让历史名人"活起来""火起来"？如何凸显历史名人的当代价值？如何让历史名人影响现代生活？……

经过精心策划和反复研究，我们形成"彪炳千秋——作家眼中的四川历史名人"报道方案：约请省内知名作家，以人文的视角、丰富的细节和充满感情的笔触，呈现血肉丰满且有温度、有态度的历史名人；从2017年7月底起，在每周五副刊上，连续推介首批入选的大禹、李冰、落下闳等10位四川历史名人，每期介绍一位。当代作家在讲述历史名人故事的同时，凸显了历史名人的传统美德、人文精神、文化记忆和气质风范。两个多月的时间里，十大历史名人"满血复活"，"全民偶像"重新焕发夺目光彩。大部分稿件见报后都被海内外的报刊转发，有些甚至一度成为新媒体上的网红文章。编辑部接到大量电话，咨询何处可以集中购买刊发这组文章的报纸，甚至有一位远在凉山的语文老师专程来到编辑部，请求收集一套完整的报纸，他说"几千字的篇幅写活一位历史名人，这是中学生作文的绝佳素材"；他甚至认真地向我们提出，"为什么你们不汇编成书呢，方便我们读者阅读和保存"……

鉴于作家们书写首批十位四川历史名人的成功，第二批四川历史名人公布后，我们立即启动了"作家眼中的四川历史名人（第二辑）"的相关工作。特别令人欣慰的是，著名作家阿来、李舫、蒋蓝等也参与了编撰工作。作家们的支持是本策划成功推行的最大法宝。很多作家甚至放下了手头正在创作的书稿，潜下心来研究历史名人，然后跟我们讨论写作大纲——报纸写作与作家的自主写作终究是不大一样的，作家们放下身段，谨慎地治学和立言，让我们深受感动。一位作家五易其稿最终定稿之后说，必须怀着一颗谦卑之心来对待这个工作，必须时刻让自己明白，我们书写着历史的巨子，面对他们，自己实在是太渺小了。作家们的"谦卑之心"起到了很好的传播效果，并产生了良好的社会效益。

　　就像我们应各界读者的要求，将作家们书写首批十位四川历史名人的文章汇编成册一样，这次我们又将《作家眼中的四川历史名人（第二辑）》呈现在了读者们的眼前。关于本书出版的目的、意义，吉狄马加先生在《作家眼中的四川历史名人（第一辑）》序言中做了精彩论述。坦率地讲，我们做这一个策划，确实充满热情，但初衷未必如吉狄马加先生所言那般深透。读者的好评和专家的肯定，让我们在惊喜、意外之后有了更清醒的认识：传统文化是最富庶、最深沉的金矿，历史名人一旦被激活，必将迸发出新的强大的时代正能量。

　　感谢中国文艺评论家协会副主席、四川省中华优秀传统文化传承与文化事业产业发展研究智库首席专家、著名评论家李明泉先生百忙中撰写序言，感谢为我们撰稿的 10 位作家，感谢社会各界对我们的关心和支持。需要特别说明的是，本书各篇文章所附相关链接，源于第二批"四川十大历史名人"揭晓时媒体见报的相关资料，在此特别鸣谢。鉴于我们知识、能力的不足，书中错漏难免，欢迎读者指正，以期再版时勘误。

（作者系四川日报报业集团编委、四川日报社专职编委）

图书在版编目（CIP）数据

作家眼中的四川历史名人. 第二辑 / 四川日报全媒体主
编. —— 成都：四川人民出版社，2022.4
ISBN 978－7－220－12456－3

Ⅰ.①作… Ⅱ.①四… Ⅲ.①历史人物－生平事迹－
四川 Ⅳ.①K820.871

中国版本图书馆 CIP 数据核字（2021）第 203655 号

ZUOJIA YANZHONG DE SICHUAN LISHI MINGREN

作家眼中的四川历史名人（第二辑）
四川日报全媒体 主编

责任编辑	董　玲
封面设计	张迪茗
内文设计	戴雨虹
责任校对	吴　玥
责任印制	李　剑

出版发行	四川人民出版社（成都槐树街 2 号）
网　址	http://www.scpph.com
E-mail	scrmcbs@sina.com
新浪微博	@四川人民出版社
微信公众号	四川人民出版社
发行部业务电话	(028) 86259624　86259453
防盗版举报电话	(028) 86259624
照　排	四川胜翔数码印务设计有限公司
印　刷	成都蜀通印务有限责任公司
成品尺寸	170mm×240mm
印　张	11
字　数	140 千
版　次	2022 年 4 月第 1 版
印　次	2022 年 4 月第 1 次印刷
书　号	ISBN 978－7－220－12456－3
定　价	58.00 元